João Bosco Lugnani e
Aparecida Eunides Lugnani

# *Seja o primeiro catequista do seu filho*



EDITORA
AVE-MARIA

Rua Martim Francisco, 636 – 01226-000 – São Paulo, SP – Brasil
Tel.: (11) 3823-1060 · Fax: (11) 3660-7959
Televendas: 0800 7730 456
editorial@avemaria.com.br · comercial@avemaria.com.br
www.avemaria.com.br

**ISBN:** 978-85-276-1463-4

**Capa:** Rui Cardoso Joazeiro

2. ed. – 2015

**Dados Internacionais de Catalogação na Publicação (CIP)**
**Angélica Ilacqua CRB-8/7057**

---

Lugnani, João Bosco
Seja o primeiro catequista de seu filho / João Bosco Lugnani, Aparecida Eunice Lugnani. – São Paulo: Editora Ave-Maria, 2013. 120 p.

ISBN: 978-85-276-1463-4

1. Evangelização 2. Catequese 3. Igreja católica I. Título
II. Lugnani, Aparecida Eunice

13-0562 CDD 265

---

**Índices para catálogo sistemático:**

1. Evangelização 265
2. Igreja Católica: Catequese 265

**Diretor Geral:** Marcos Antônio Mendes, CMF
**Diretor Editorial:** Luís Erlin Gomes Gordo, CMF
**Gerente Editorial:** Valdeci Toledo
**Editora Assistente:** Carol Rodrigues
**Preparação e Revisão:** Enymilia Guimarães e Maria Alice Gonçalves
**Projeto gráfico e diagramação:** Ponto Inicial Estúdio Gráfico e Editorial
**Produção Gráfica:** Carlos Eduardo P. de Sousa
**Impressão e acabamento:** Gráfica Ave-Maria

CLARET
PUBLISHING GROUP

A Editora Ave-Maria faz parte do Grupo de Editores Claretianos (Claret Publishing Group).
Bangalore • Barcelona • Buenos Aires • Chennai • Macau • Madri • Manila • São Paulo

*Aos nossos pais:*
*José e Maria, Nézio e Angelina,*
*que nos educaram na fé.*
*Aos nossos filhos, genros, nora e netos,*
*que são nossa alegria*
*e a quem testemunhamos nossa fé.*

*Agradecemos a*
*Ana Cristina L. de Souza,*
*Regina Helena G. L. Fernandes e*
*Pe. Nilton Boni,*
*pela leitura crítica e sugestões apresentadas.*

"Buscai em primeiro lugar o Reino de Deus
e a sua justiça e todas estas coisas vos
serão dadas em acréscimo."

*(Mt 6,33)*

# Sumário

# Prefácio

Eis um livro necessário e que chegou em boa hora. A principal proposta do Ano da Fé é exatamente esta: a "transmissão de fé na família". Os autores, que são muito competentes no assunto, além de terem profunda experiência no campo da Pastoral Familiar, têm uma vasta e longa vivência com as famílias, casais e jovens de norte a sul do Brasil. Por isso, podemos afirmar que estamos em boas mãos.

Este livro, que veio para somar e contribuir na relação entre família e catequese, Pastoral Familiar e pastoral catequética, além de profundo, é muito prático, pedagógico e de fácil compreensão. Os testemunhos de pais e catequistas relatados no livro são preciosos. Os leitores, os pais, os catequistas e os próprios filhos vão se sentir motivados a colocar em prática as propostas aqui expostas.

Os exercícios pessoais para os casais e familiares facilitam o relacionamento com Deus e entre as pessoas da família. Assim, os pais crescem junto com os filhos, e vice-versa. Neste livro, a família e a catequese se encontram para, de mãos dadas, modelar nossos cristãos de hoje e de amanhã.

Parabenizo os autores que, inspirados pelo Espírito Santo, colocam-nos à vão se sentir disposição seus conhecimentos e experiências para a glória de Deus e o bem da humanidade, promovendo a necessária articulação entre família e catequese. Recomendo a leitura e a divulgação desta obra.

*Dom Orlando Brandes*

# Apresentação

Os conteúdos apresentados neste livro têm três fontes fundamentais:

- Estudo do tema na Palavra de Deus e em documentos da Igreja referenciados no final da obra;
- Pesquisas e estudos, realizados ao longo de décadas, sobre a pessoa, sua formação e os relacionamentos humanos;
- A experiência de fé dos autores, acumulada em mais de três décadas dedicadas a estudos, atividades com casais, com famílias, com a pastoral familiar da Igreja, com a formação de agentes de pastoral feita pelo Instituto Nacional da Família e da Pastoral Familiar (Inapaf) e, principalmente, com o grande desafio de fazer a evangelização em casa, cultivando a proximidade pessoal e familiar com Deus, exercitando a escuta, o entendimento e a obediência da Palavra; o diálogo com Deus e o cultivo da qualidade cristã dos relacionamentos, numa catequese prática na vida conjugal e com filhos, genros, nora e netos; Com base na experiência de fé, vivida pelos

autores, optou-se por inserir testemunhos autênticos (reais) com nomes fictícios, para ilustrar os diferentes valores evangélicos tratados neste livro e que constituem os fundamentos de uma vida como discípulo de Cristo e catequista.

Com base nas fontes citadas acima, testemunhamos que podemos experimentar a fidelidade de Deus, que diz: "Eis que estou convosco todos os dias, até o fim do mundo" (Mt 28,20).

Os desafios de sermos pais (ou responsáveis) e de educarmos os filhos, nos dias de hoje, na sociedade e cultura atuais, são grandes demais para enfrentarmos apenas com nossas forças e nossos conhecimentos. É indispensável recorrermos à presença e ao poder de Deus para cumprirmos esta missão de pais educadores, de pais catequistas. E o testemunho que damos com alegria é que a presença de Deus é por Ele assegurada. Ela só faltará se nós mesmos a dispensarmos. Se, com fidelidade, aderirmos a Deus, teremos inúmeras oportunidades de constatar a fidelidade daquele que promete estar conosco e que já deu a vida por seus amigos. (cf. Jo 15,16).

Portanto, proclamamos que o desafio de ser catequistas/formadores de nossos filhos, de ajudá-los a encontrar-se com Deus e com o verdadeiro sentido da vida, não é grande demais se Deus estiver presente em nossa vida. E a presença de Deus em nossa vida significará a experiência de fé que cresce dia a dia e promove os testemunhos. Então, seremos catequistas com o recurso do testemunho de vida. Isso significa catequese transformadora de relacionamentos e geradora de esperança e confiança.

# Introdução

## O que motivou este livro

Ao escrever este pequeno livro voltado para a catequese, norteia-nos o desejo de prestar uma ajuda aos pais, ou responsáveis por crianças e adolescentes, na exigente tarefa de catequizar os filhos. Preocupam--nos a falta de sentido para a vida e a carência de um projeto de vida e de família para estas novas gerações. Preocupa-nos também o imediatismo que tomou conta da vida destas gerações, com a grande oferta de entretenimento, a busca de novidades, a demanda material, os contatos predominantemente virtuais, os prazeres a todo custo, a troca do dia pela noite, a falta de esperança e, em consequência, as tantas frustrações que sobrevêm. Preocupam-nos sobretudo a pequena proximidade com Deus e a falta de perseverança na vivência da fé, após a catequese de primeira Eucaristia e do Crisma. Nossa cultura favorece e até mesmo pressiona nossos filhos para uma vida de fugas e compensações que frustram profundamente, corroem as esperanças e deterioram a beleza da vida, que é um precioso dom de Deus.

A produção deste livro foi motivada ainda diante da percepção das diversas dificuldades pelas quais crianças, adolescentes e jovens passam em seus relacionamentos: consigo, com Deus, com a família e com a sociedade. É claro que essas dificuldades atingem, de diferentes maneiras, também os pais, que ficam angustiados ou desanimados, e não raro desistem da formação dos filhos que estão sob sua responsabilidade. Veja a seguir alguns exemplos desse tipo de dificuldade:

- Relacionamentos familiares frágeis e provisórios, não fundamentados em valores duradouros e que, consequentemente, não favorecem a formação dos filhos.
- A exclusão de Deus da vida das pessoas e das estruturas sociais, introduzida pela cultura moderna, que produz sérios danos nos relacionamentos humanos, especialmente nos relacionamentos familiares, na educação e na catequese dos filhos.
- A incapacidade dos pais de prover orientação e formação eficazes aos filhos com respeito à proximidade com Deus, o que às vezes pode se agravar em casos de famílias monoparentais (com um só dos cônjuges), provisórias (uniões sem grandes compromissos), complexas (desfeitas e com novas uniões), com conflitos graves etc.
- A árdua tarefa da catequese pastoral da Igreja na tentativa de cativar crianças, adolescentes e jovens para que perseverem após a catequese de Primeira Eucaristia e Crisma.

- A dificuldade que muitos pais têm para realizar a tarefa de catequese dos filhos, tarefa que constitui um chamado de Deus reforçado pela Igreja e que é fundamental para a vida dos filhos. Sem a ajuda dos pais na realização dessa tarefa, a catequese pastoral fica profundamente prejudicada.
- A escassez de literatura destinada à orientação prática para os pais, a fim de que possam realizar a indispensável e intransferível missão de catequizar os filhos.
- O anúncio, às vezes, ineficaz da boa-nova e a consequente fragilidade da evangelização.
- A desvalorização da família estável, edificada em valores evangélicos, na mídia e na cultura, e a consequente fragilidade e desestabilização familiar.
- A desvalorização do pai e de seu papel na sociedade atual, que parece priorizar mais o papel da mãe, prejudicando assim a formação dos filhos.

Este livro procura lançar os seguintes desafios:

- Pessoais, para a mãe e o pai encontrar-se com Deus e aderir a Ele;
- Conjugais, para o casal construir relacionamentos de qualidade, tanto conjugais quanto com Deus;

- Familiares, para que a família construa seus relacionamentos de amor e proximidade entre seus membros e com Deus; Comunitários, para incentivar a família e cada um de seus membros a integrar à comunidade, que representa o corpo de Cristo.

Assim, este livro destina-se tanto ao leitor individual como aos casais e grupos familiares. Não apresentamos um detalhamento de reuniões para grupo de famílias, mas estamos sempre focados em famílias em relacionamento. Nas reuniões comunitárias podem ser encontrados diversos documentos publicados por nossas comunidades e Igrejas particulares, com orientações práticas sobre sua realização.

Se pertencemos à Igreja Católica e queremos que nossos filhos também pertençam, lembremos que ela existe para continuar a missão de Jesus Cristo, anunciar a boa-nova da salvação (cf. Lc 4,43). Ela sempre esteve e está preocupada em transmitir a fé e a esperança. Cristo ensinava com autoridade, e seus discípulos são chamados a seguir seu exemplo. Jesus Cristo ensinava com palavra e vida.

> Saindo dali, ele foi para a região da Judeia, para além do Jordão. As multidões voltaram a segui-lo pelo caminho e de novo ele pôs-se a ensiná-las, como era seu costume (Mc 10,1).

Dirigiram-se para Cafarnaum. E, já no dia de sábado, Jesus entrou na sinagoga e pôs-se a ensinar. Maravilhavam-se da sua doutrina, porque os ensinava como tendo autoridade, e não como os escribas (Mc 1,21-22).

Depois de lhes ter lavado os pés e tomar as suas vestes, sentou-se novamente à mesa e perguntou-lhes: "Sabeis o que vos fiz? Vós me chamais Mestre e Senhor; e dizeis bem, porque eu o sou. Logo, se eu, o Senhor e Mestre, vos lavei os pés, também vós deveis lavar-vos os pés uns dos outros. Dei-vos o exemplo para que, como eu vos fiz, assim façais também vós" (Jo 13,12-15).

## Objetivos

### *Geral*

Despertar nos pais uma profunda motivação para construir um mundo novo para seus filhos com base no fundamento Jesus Cristo e mediante uma efetiva catequese testemunhada no lar.

### *Específicos*

- Criar ou aprofundar a percepção da importância da fé vivida pelos pais, tanto para o bem dos filhos como para a edificação da Igreja e de um mundo mais humano.

- Despertar ou aprofundar, nos pais, a consciência do valor de sua experiência pessoal de fé, na evangelização de sua família e na construção dos relacionamentos de qualidade no lar.
- Despertar ou aprofundar a consciência do valor pedagógico do testemunho verdadeiro para a educação dos filhos na fé, como membros do corpo de Cristo e como cidadãos.
- Delinear pistas (recursos e práticas) para exercitar a proximidade pessoal e familiar com Deus.
- Delinear pistas de interação familiar para a evangelização/catequese dos filhos.
- Motivar os pais a integrar a comunidade Igreja.

# Carta aos pais

*Dirigimo-nos agora aos pais (inclusive aos pais biológicos ou às pessoas que assumem o papel de pais) que, com amor, são responsáveis pela formação das novas gerações.*

Queridos pais,

Todos nós que amamos nossos filhos nutrimos por eles preocupações e sonhos. Sonhamos em fazê-los felizes, que sejam bem-sucedidos nos estudos, profissional e economicamente, na carreira que vierem a abraçar, que tenham bons relacionamentos, que tenham sabedoria (sejam inteligentes). Ver um filho feliz é felicidade para os pais.

É fácil observar, entretanto, que bom emprego, bom desempenho nos estudos, sucesso econômico, fama e poder não são suficientes para gerar a paz e a felicidade que tanto almejamos. Esta é uma verdade constante que pode ser observada em nossa vida diária. Observamos pessoas ricas, famosas e poderosas vivendo situações de profunda infelicidade, a ponto de às vezes serem levados a atitudes desesperadas e até extremas, como recorrer a vícios graves, à marginalidade e até cometer suicídios.

A felicidade não pode ser comprada nem conseguida à custa de fama, poder ou riqueza. Entretanto, ela está acessível para qualquer ser humano, pobre ou rico, poderoso ou humilde, letrado ou não. Basta procurá-la onde ela pode ser encontrada. Ela está na amizade e proximidade com Deus. Na caminhada com Ele.

Se queremos ajudar nossos filhos a construir a felicidade, o caminho é ajudá-los a encontrar-se com Deus, caminhar com Ele e buscar sua amizade.

Acontece, entretanto, que nenhum de nós pode dar o que não tem. Se não conhecemos a Deus, se não temos proximidade com Ele, não podemos apresentá-lo a nossos filhos.

Então, o caminho a seguir para ajudar nossos filhos a encontrar a verdadeira felicidade, a felicidade que não pode ser destruída por nenhuma força ou poder terreno, mas que é eterna, é ajudá-los a tornar-se amigos e seguidores de Cristo. E o ponto de partida é que nós mesmos também tenhamos essa proximidade com Ele, para levá-lo àqueles que tanto amamos e que queremos que sejam felizes.

Neste livro vamos tentar favorecer essa amizade efetiva dos pais catequistas com Deus, de forma que ela também se reflita na amizade de nossos filhos com Deus. Vamos fazê-lo com alguns ensinamentos, com pistas de ação e ilustrando, sempre que oportuno, com testemunhos verdadeiros, apresentados com nomes fictícios.

Se pudermos ajudar cada membro da família a buscar seu encontro com Deus e construir relacionamentos familiares fundados em valores evangélicos, teremos grande alegria e muito a agradecer a Deus. A Ele elevamos nossas orações para que você – pai, mãe – experimente esta alegria da proximidade com Deus e assim tenha a força de testemunhar esse tesouro aos filhos e indicar a eles, com eficácia, o caminho da proximidade com Deus, a catequese transformadora e a felicidade.

# A catequese

## Preocupações da Igreja com a catequese

Ao longo dos séculos, a Igreja tem se preocupado com a catequese. Exemplificando brevemente: o Concílio de Trento, no século XVI, deu prioridade à catequese que está na origem do "Catecismo Romano". Nesse zelo catequético o Papa Paulo VI aprova o Diretório Geral da Catequese em 1971; publica a Exortação Apostólica *Evangelii Nuntiandi* (EN), em 1975, e inclui a catequese de crianças e jovens como tema da Assembleia Geral dos Bispos, em 1977. O Papa João Paulo II publica a Exortação Apostólica *Catechesi Tradendae* (CT) e chama a atenção dos pais para a responsabilidade pela catequese dos filhos. Publica depois a Constituição Apostólica *Fidei Depositum* voltada para o Catecismo da Igreja Católica.

## Entendendo o significado de catequese

Globalmente, pode-se partir da noção de que a catequese é uma educação da fé das crianças, dos jovens e

> dos adultos, a qual compreende especialmente um ensino da doutrina cristã, dado em geral de maneira orgânica e sistemática, com o fim de iniciá-los na plenitude da vida cristã. [...] convém recordar que entre a catequese e a evangelização não existe separação nem oposição, como também não há identificação pura e simples, mas existem sim relações íntimas de integração e de complementaridade recíproca (CT, 18).

O Catecismo da Igreja Católica (CIC) e a Exortação Apostólica *Catechesi Tradendae* (CT) já no início ensinam que, desde há muito, a Igreja chama de catequese o conjunto de esforços empreendidos para ajudar crianças, jovens e adultos a crer que Jesus é Filho de Deus e, por meio da fé, ter a vida, bem como para educá-las e instruí-las na fé e, assim, construir o corpo de Cristo. A catequese é a educação da fé, que compreende especialmente um ensino orgânico e sistemático da doutrina cristã (cf. CIC Prólogo e CT 1-5).

## Catequese pastoral para a Primeira Eucaristia e o Crisma

A catequese ministrada às crianças e adolescentes nas paróquias, na preparação para a Primeira Eucaristia e o Crisma, como descrita acima e como se observa na prática, enfoca predominantemente o aspecto cognitivo da doutrina cristã. Esta é a catequese mais viável por oferecer ensino sistemático, encontros periódicos do grupo de catequizandos e destes com o catequista e metodologia mais ou menos unificada, com pouca interação vivencial.

## Catequese no lar, ministrada pelos pais

A Igreja ensina, insistentemente e em muitos documentos, que os pais são os primeiros catequistas dos filhos. Isso nos leva a crer que os pais devem ser catequistas enquanto viverem, e não apenas para as crianças.

O Papa João Paulo II, com todo o amor que sempre demonstrou pela família, pede a todos o zelo pela catequese, dizendo:

> [...] eu desejaria que as minhas palavras, escritas à maneira de grave e ardente exortação, ditada pelo meu ministério de Pastor da Igreja universal, inflamassem os vossos corações [...] a coragem, a esperança e o entusiasmo (CT, 62).
>
> A catequese familiar, portanto, precede, acompanha e enriquece todas as outras formas de catequese (CT 68).
>
> A ação catequética da família tem um caráter particular e, em certo sentido, insubstituível, justificadamente posto em evidência pela Igreja, de modo especial

> pelo Concílio Vaticano II (118). A educação para a fé, feita pelos pais – a começar desde a mais tenra idade das crianças (119) – já se realiza quando os membros de determinada família se ajudam uns aos outros a crescer na fé, graças ao próprio testemunho de vida cristã muitas vezes silencioso, mas perseverante, no desenrolar da vida de todos os dias, vivida segundo o Evangelho (CT 68).

Os pais fazem catequese ao serem imitadores (seguidores) de Cristo, que ensinava com a vida. Veja a reflexão do Papa João Paulo II.

> [...] não esqueço que a Majestade de Cristo quando ensinava, a coerência e a força persuasiva únicas do seu ensino, não se conseguem explicar senão porque as suas palavras, parábolas e raciocínios nunca são separáveis da sua vida e do seu próprio ser. Neste sentido, toda a vida de Cristo foi um ensinar contínuo: os seus silêncios, os seus milagres, os seus gestos, a sua oração, o seu amor pelo homem, a sua predileção pelos pequeninos e pelos pobres, a aceitação do sacrifício total na cruz pela redenção do mundo e a sua ressurreição são o atuar-se da sua palavra e o realizar-se da sua revelação (CT 9).

É importante ressaltar que a catequese realizada pela pastoral da Igreja e a catequese feita pelos pais não são trabalhos paralelos, nem repetitivos, mesmo tendo as mesmas bases e tendo como finalidade última fazer discípulos de Cristo. Como referido acima, a catequese pastoral, feita como preparo para a Primeira Eucaristia e para o Crisma, prioriza e atribui peso maior à instrução na fé, um trabalho mais cognitivo. Já a catequese familiar enfoca, com mais ênfase, a formação de valores evangélicos e sua aplicação aos relacionamentos diários. Nesse caso, a catequese feita pelos pais deve mudar relacionamentos, estimular e produzir transformações nos comportamentos. O lar torna-se o laboratório para a prática, para o exercício de relacionamentos de qualidade, fundados em valores evangélicos.

Estas duas formas de atividades catequéticas complementam-se e se ajudam, mas a dos pais é mais básica, pois é a principal sustentação para a criança (e para toda sua vida) e também para o bom resultado nos trabalhos feitos pela pastoral da Catequese. E, para articular esses dois trabalhos catequéticos, a Pastoral Familiar tem um relevante papel – e esta é uma das razões para estruturar uma Pastoral Familiar orgânica e forte e com agentes bem formados.

Mais recentemente, a Igreja, no *Documento de Aparecida*, enfatiza a importância da família para a evangelização e a catequese dos filhos.

No número 302 (A Família, primeira escola da fé):

> A família, "patrimônio da humanidade", constitui um dos tesouros mais valiosos dos povos latino-americanos. Ela foi e é o lugar e escola de comunhão, fonte de valores humanos e cívicos, lar onde a vida humana nasce e se acolhe generosa e responsavelmente. Para que a família seja "escola de fé" e possa ajudar os pais a serem os primeiros catequistas de seus filhos, a Pastoral Familiar deve oferecer espaços de formação, materiais catequéticos, momentos celebrativos, que lhes permitam cumprir sua missão educativa. A família é chamada a introduzir os filhos no caminho da iniciação cristã. A família, pequena Igreja, deve ser, junto com a Paróquia, o primeiro lugar para a iniciação cristã das crianças. Ela oferece aos filhos um sentido cristão da existência e os acompanha na elaboração de seu projeto de vida, como discípulos missionários.

No número 303, continua:

> Além disso, é dever dos pais, especialmente através de seu exemplo de vida, a educação dos filhos para o amor como dom de si mesmos e a ajuda que eles prestam para descobrir sua vocação de serviço, tanto na vida leiga como na

> vida consagrada. Desse modo, a formação dos filhos como discípulos de Jesus Cristo se realiza nas experiências da vida diária na própria família. Os filhos têm o direito de poder contar com o pai e a mãe para que cuidem deles e os acompanhem até a plenitude de vida. A "catequese familiar", implementada de diversas maneiras, tem-se revelado como ajuda proveitosa à unidade das famílias, oferecendo, além disso, possibilidade eficiente de formar os pais de família, os jovens e as crianças, para que sejam testemunhas firmes da fé em suas respectivas comunidades.

Sabemos que a catequese padece, em nossos dias, com a grande falta de perseverança (continuidade) dos adolescentes e jovens na fé. Um fator relevante e causador dessa descontinuidade é a fragilidade da catequese no lar. Cabe à Pastoral Familiar a exigente missão de auxiliar os pais a se qualificar e a exercer essa missão da catequese no lar. Este é um exemplo da grande importância da organicidade pastoral, pois é a Pastoral Familiar que tem a missão de preparar a família, de ajudá-la nessa árdua tarefa.

Onde quer que exista uma efetiva Pastoral Familiar que possa apoiar a família para que cumpra seu papel, a Catequese Pastoral se beneficiará dessa organicidade. É um grande desafio para ambas as pastorais, sendo a formação dos agentes de grande importância.

## A catequese pelos pais e as mudanças de comportamento

A catequese a ser desenvolvida pelos pais tem a mesma doutrina, a mesma moral da catequese geral da Igreja. As diferenças mais acentuadas são:

- Os pais catequistas, salvo exceções, estão em contato muito mais frequente com os filhos. Então, são para os filhos modelos e referenciais continuamente observados.
- Ninguém, em condições normais, é capaz de amar os filhos mais que os próprios pais. Logo, os pais têm maior e melhor recurso para evangelizá-los e catequizá-los, lembrando que o amor é o recurso por excelência para a catequese, a evangelização e a formação da pessoa.
- Os pais catequistas são continuamente desafiados a evangelizar-se e a catequizar-se, porque logo percebem que seu exemplo/testemunho de vivência de valores evangélicos são os melhores e mais poderosos recursos de que podem dispor para catequizar os filhos. Os pais são, assim, desafiados pelo ministério que assumiram, já no matrimônio, entre si, com a Igreja e com

Deus, a educar os filhos na fé. São também desafiados, avaliados e cobrados pelos filhos que se espelham neles para crescerem em proximidade com Deus na prática e na vivência diária.

- Nos relacionamentos, no lar, a transparência é necessária, e a verdade precisa ser assumida como um valor. A mentira geralmente tem vida curta, pois os relacionamentos, no lar, são de muita proximidade.

## Nossa realidade

Hoje em dia, os pais, em grande medida, deparam com a insegurança na educação dos filhos. É comum se observar um pai ou uma mãe, ou ambos, confusos ou completamente perdidos diante das "lambanças" aprontadas por um "pirralhinho" ainda na infância. Geralmente, a situação torna-se mais difícil quando envolve crianças, adolescentes e jovens. Existe uma verdadeira disputa: de um lado, pais preocupados e que amam os filhos; de outro, uma avalanche de modernidade, que tende a levá-los para o consumismo, a liberdade irresponsável, caprichos, os prazeres a todo custo etc. Se os filhos não são conquistados pelos pais e para Deus, tendem a se desviar para o vício, a violência, a rebeldia, a marginalidade, as más companhias, o crime, entre outras transgressões.

Não seria justo responsabilizar os pais por essas situações ou acusá-los de desleixados, mas isso não serve de consolo. As consequências fazem grande mal para os pais e para os filhos, por isso é preciso encontrar os rumos seguros.

Em nossa cultura, a todo instante, se recebe grande volume de informações e exemplos. Mas nem tudo são "pérolas"! Quem sabe fala e ensina, mas quem não sabe, às vezes, fala e ensina mais ainda. Isso acontece muito quando o tema é religião e educação. Quase todo mundo tem algo a ensinar e a dizer, mas predominam os desvios. Esta realidade atinge gravemente a formação das novas gerações e complica a vida dos pais e dos filhos, prejudicando profundamente a formação de cristãos e de cidadãos e é muito perceptível na sociedade. É nesse contexto que se situa a missão dos pais catequistas.

### *Pais e filhos, o que fazer?*

É fundamental que pai e filho escutem o Senhor! Que busquem a sabedoria onde ela pode ser encontrada! Busquem o caminho para a felicidade e o bem. Este é o passo mais acertado a ser dado.

Agora, vamos pedir a Deus que nos mostre o rumo para ser pai catequista, educador e para ser filho abençoado por Deus. Quais os mandamentos e quais as promessas de Deus para os que o buscam?

Vejamos a seguir alguns textos seguidos de pequenos comentários Do livro de Eclesiástico (3,1-18) – com orientações e promessas de bênçãos para pais e filhos.

1. Os filhos da sabedoria formam a assembleia dos justos, e o povo que compõe é, todo ele, obediência e amor.

Note que no texto quem escuta a Deus não se engana e não se deixa enganar. É por Deus considerado justo. A palavra justo é muito significativa. José, pai adotivo de Jesus, é chamado homem justo, santo. Veja a que nível chegamos por sermos filhos da sabedoria.

2. Ouvi, meus filhos, os conselhos de vosso pai, segui-os de tal modo que sejais salvos.

Deus fala que os filhos devem ouvir os pais e promete a eles a salvação. A salvação é uma recompensa, ao mesmo tempo temporal (salvo do vício, da marginalidade, da cadeia, da violência etc.) e, principalmente, a salvação eterna, a vida com Deus. E Deus, ao mandar que o filho escute ao pai, dá autoridade ao pai, que, junto com Deus, é coautor da vida do filho.

3. Pois Deus quis honrar os pais pelos filhos, e cuidadosamente fortaleceu a autoridade da mãe sobre eles.

Qualquer pai fica profundamente honrado ao ver seu filho sendo reto, amoroso, trabalhador e com bons relacionamentos. A mãe tem autoridade sobre os filhos, que lhe é dada por Deus. Portanto, não respeitar a mãe é afastar-se de Deus, com todas as consequências.

4. Aquele que ama a Deus o roga pelos seus pecados, acautela-se para não cometê-los no porvir. Ele é ouvido em sua prece cotidiana.

Pais e filhos necessitam identificar aquilo que os afasta de Deus, e devem fazer isso por sincero amor a Deus. O próprio Deus promete que vai ouvir suas orações. Vale lembrar que, para amar a Deus em momentos difíceis, é preciso não apenas ter firme decisão, mas também ser sempre fiel.

5. Quem honra sua mãe é semelhante àquele que acumula um tesouro.

A promessa de Deus sob a condição de "honrar a mãe" é que terás um tesouro. Qual é esse tesouro? Se é promessa de Deus, é algo maior que qualquer bem temporal.

6. Quem honra seu pai achará alegria em seus filhos, será ouvido no dia da oração.

Os filhos só saberão bem a grandeza da promessa de "alegria em seus filhos" quando tiverem os próprios filhos. E a promessa de ser ouvido na oração? Ora, necessitamos muito da ajuda poderosa de Deus! A promessa de ser ouvido por Ele é muito grandiosa, mas Deus impõe uma condição: antes de tudo, os filhos devem honrar os pais.

7. Quem honra seu pai gozará de vida longa; quem lhe obedece dará consolo à sua mãe.

Ainda no tocante a "honrar seu pai" (pode-se entender pai e mãe), Deus promete ao filho vida longa.

8. Quem teme ao Senhor honra pai e mãe. Servirá aqueles que lhe deram a vida como a seus senhores.

Se o filho ama a Deus, o teme e vai acolher com fidelidade seu mandado insistente, que é o de honrar os pais, a quem o próprio Deus outorgou o poder de lhe transmitir a vida.

9. Honra teu pai por teus atos, tuas palavras, tua paciência,

10. a fim de que ele te dê sua bênção, e que esta permaneça em ti até o teu último dia.

Note quão insistente é a Palavra com respeito a honrar os pais. E em que consiste honrar teu pai (teus pais)? No tratamento com palavras, no jeito de viver e de se relacionar com eles e em todos os relacionamentos.

11. A bênção paterna fortalece a casa de seus filhos, a maldição de uma mãe a arrasa até os alicerces.

Os pais precisam abençoar os filhos. Essa bênção não pode ser subestimada. É algo muito importante para os filhos e deve ser pedida todo dia, quantas vezes for oportuno. Os pais devem ensinar isso aos filhos, desde a mais tenra idade, e esse costume deve ser preservado, enquanto os pais existirem.

Quantos pais, em nossos dias, não aproveitam esse grande poder dado a eles pelo Criador para o bem dos filhos? E quantos filhos aprendem a pedir a bênção a seus pais?

Aqui a promessa de Deus aos filhos, ainda condicionada a que honrem os pais, é a de que eles (os filhos) terão lares sólidos e abençoados. Isso significa felicidade para a família que os filhos vão constituir!

É importante lembrar que a bênção é dom de Deus. É gratuita, nada custa! Qualquer pai, qualquer mãe, por mais pobre e simples, pode dar a bênção de Deus, que os autoriza. Portanto, os pais e filhos devem lembrar que isso é um grande bem para ambos.

> 12. Não te glories do que desonra teu pai, pois a vergonha dele não poderia ser glória para ti [...]

A desonra aos pais ofende não apenas aos pais, mas a Deus. E isso fere também o filho, como adverte o texto, que continua:

> 13. [...] pois um homem adquire glória com a honra de seu pai, e um pai sem honra é a vergonha do filho.

O Senhor ensina que o bem do filho está profundamente ligado a seu relacionamento amoroso com seus pais. Quando o filho fere o relacionamento com o pai, fere a si mesmo.

14. Meu filho, ajuda a velhice de teu pai, não o desgostes durante a sua vida.

Na velhice, algumas pessoas ficam ranzinzas por certos motivos que vão desde doenças, baixa autoestima, falta de relacionamentos até falta de atividade. Nessas condições, os pais necessitam ainda mais da compreensão e do amor dos filhos. E isso, para Deus, não é uma mera opção. É um mandamento.

15. Se seu espírito desfalecer, sê indulgente, não o desprezes porque te sentes forte, pois tua caridade para com teu pai não será esquecida [...]

Na velhice ou em caso de doença, a capacidade mental e a memória diminuem e podem até mesmo sofrer sérios danos. Por isso, nessas situações, Deus nos alerta veementemente para que os pais sejam tratados com carinho. E promete não esquecer esse gesto do filho.

16. [...] e, por teres suportado os defeitos de tua mãe, ser-te-á dada uma recompensa [...]

À mãe, o mesmo carinho dado ao pai, e a mesma promessa de Deus.

17. [...] tua casa tornar-se-á próspera na justiça. Lembrar-se-ão de ti no dia da aflição, e teus pecados dissolver-se-ão como o gelo ao sol forte.

Como pode ser visto nos versos acima, Deus faz promessas valiosas para o filho que ama os pais incondicionalmente: promessa de bênçãos para a família que ele constituir; promessa de que receberá caridade e atenção, em suas dificuldades; e a promessa de perdão dos pecados. Este último significa que Deus nos perdoa para que sejamos acolhidos na casa do Pai para sempre.

18. Como é infame aquele que abandona seu pai, como é amaldiçoado por Deus aquele que irrita sua mãe!

Veja que não respeitar, não amar e não apoiar os pais ofende profundamente a Deus, e não pode haver pena maior do que ser amaldiçoado por Deus.

Da Carta de São Paulo aos Efésios (6,1-4):

19. Filhos, obedecei a vossos pais segundo o Senhor; porque isto é justo.

Obedecer aos pais é determinação de Deus e é justiça de Deus. Isso é exortação de Deus aos filhos, mostrando o rumo e a responsabilidade para os pais que, diante de Deus, assumem a catequese e a formação dos filhos.

20. O primeiro mandamento acompanhado de uma promessa é: *Honra teu pai e tua mãe* [...]

21. ...*para que sejas feliz e tenhas longa vida sobre a terra.*

Nesses versos, São Paulo faz alusão a um mandamento da lei de Deus e destaca que esse mandamento vem acompanhado de uma promessa de Deus: quem honra o pai tem vida longa. Ora, quem não quer ter vida longa? Deus ordena que o filho honre os pais e, como recompensa, promete vida longa.

O que é honrar? É dignificar, enobrecer, elevar, louvar. Um pai se sente honrado quando o comportamento do filho é exemplo de bons relacionamentos; é amoroso, honesto, solidário, trabalhador, obediente, respeitador.

22. Pais, não exaspereis vossos filhos. Pelo contrário, criai-os na educação e doutrina do Senhor.

Agora Deus fala aos pais: não exaspereis (não irriteis, não humilheis, não desvalorizeis, não desanimeis) vossos filhos. Ao contrário, educai-os, formai-os, na doutrina do Senhor. Deus manda que os pais sejam catequistas, evangelizadores dos filhos. É preciso estar atento para o fato de que isso é um mandamento de Deus. A formação do filho não deve ser delegada a outro! Não deve ser terceirizada!

Deus alerta ainda, em Provérbios:

> Corrige teu filho enquanto há esperança, mas não te enfureças (Pr 19,18).

Criou-se, na cultura atual, uma mentalidade de que não se pode contrariar uma criança. Muitos são os pais que se "desdobram" para agradar sempre e tentar suprir todas as necessidades dos filhos. Isso é prejudicial à formação e acaba tornando-se a receita para formar pessoas inseguras, mimadas, desajustadas, desonestas e até mesmo marginais. O filho precisa ser corrigido, não com ira e ofensas, mas com firmeza. Deve ser castigado pelo pai que ama, para que não seja castigado pela vida, pela polícia. Castigar não significa espancar, maltratar, humilhar, ou envergonhar alguém diante dos outros. O castigo deve ter a finalidade de privar o filho de algo que é importante para ele, como, por exemplo: impedi-lo de participar de algo que queria e iria participar; deixá-lo sem ver televisão ou sem acesso ao computador ou ao celular por determinado tempo; obrigá-lo a ficar em seu quarto cumprindo uma atribuição etc. O castigo deve ser dado em consequência do descumprimento de uma norma necessária para a formação e que, embora tenha sido estabelecida e levada ao conhecimento do filho, tenha sido desrespeitada. Nesses casos, o castigo é necessário e é obrigação do pai aplicá-lo. Por ser uma ordem de Deus, não existe contraindicação. É para o bem do filho e, consequentemente, do pai.

No verso que segue, Deus ainda aconselha:

> Corrige teu filho e ele te dará repouso
> e será as delícias de tua vida (Pr 29,17).

O castigo, quando aplicado na hora e na medida certa e com firmeza, será motivo de gratidão do filho no futuro, mesmo que no momento não compreenda muito bem.

Os ensinamentos acima serão motivo de alegria para os pais, que vão colher os frutos da adequada formação dada aos filhos.

## *Pais e filhos, sejam imitadores de Deus Pai*

A Palavra nos ensina que Deus, criador do homem, corrige seus filhos, a quem Ele ama extremamente. E isso deve servir de orientação para os pais catequistas e também para os filhos catequizandos.

Nos textos bíblicos abaixo, a Palavra de Deus ensina sobre a correção aplicada pelo próprio Deus.

> Meu filho, não desprezes a correção do Senhor, nem te espantes de que ele te repreenda, porque o Senhor castiga aquele a quem ama, e pune o filho a quem muito estima (Pr 3,11-12).

> Estais esquecidos da palavra de animação que vos é dirigida como a filhos: Filho meu, não desprezes a correção do Senhor. Não desanimes, quando repreendido por ele; pois o Senhor corrige a quem ama e castiga todo aquele que reconhece por seu filho. Estais sendo provados para a vossa correção: é Deus que vos trata como filhos. Ora, qual é o filho a quem seu pai não corrige? Mas se permanecêsseis sem a correção que

> é comum a todos, seríeis bastardos e não filhos legítimos. Aliás, temos na terra nossos pais que nos corrigem e, no entanto, os olhamos com respeito. Com quanto mais razão nos havemos de submeter ao Pai de nossas almas, o qual nos dará a vida? Os primeiros nos educaram para pouco tempo, segundo a sua própria conveniência, ao passo que este o faz para nosso bem, para nos comunicar sua santidade. E verdade que toda correção parece, de momento, antes motivo de pesar que de alegria. Mais tarde, porém, granjeia aos que por ela se exercitaram o melhor fruto de justiça e de paz (Hb 12,6-11).

O Pai do céu corrige seus filhos para o bem. Isso fundamenta a autoridade do pai terreno sobre o filho e o resultado é um grande bem para ambos.

## Catequese no lar, missão confiada por Deus aos pais

Deus chama os pais a serem discípulos seus e dá a eles a graça e o poder que necessitam para essa missão. Quem está acolhendo com fidelidade essa missão e apropriando-se da graça de Deus?

O desafio primeiro dos pais está no lar: evangelizar-se; evangelizar o relacionamento do casal e, com autoridade e poder, evangelizar os filhos. O cumprimento dessa missão inicia-se com a decisão de escutar e responder ao chamado de Deus e, então, apropriar-se dos recursos disponíveis para realizarem a catequese.

Quais são esses recursos? Quais são os desafios para se apropriar deles? É o que veremos a seguir, no próximo capítulo.

# Como tornar-se catequista evangelizador no dia a dia

## Encontrar-se com Deus

*Trata-se de um encontro de pessoas, encontro entre amigos*

Encontrar com Deus nas pessoas da Trindade. A pessoa do Pai, a pessoa do Filho e a pessoa do Espírito Santo. Esse encontro é, portanto, entre pessoas vivas.

O que ocorre num encontro entre amigos, entre pessoas que se amam? Duas pessoas que se amam se encontram por inteiro. O encontro é racional, afetivo e espiritual. Proporciona sentimentos bons. Encontrar-se com Deus não deve ser um encontro frio, indiferente, displicente, mas um encontro de amigos! O verdadeiro encontro com Deus é marcante, forte. Às vezes, é sereno e traz muita paz e segurança.

*O encontro com Deus é possível*

Deus está sempre disponível. Ele está à nossa porta batendo e quer estar conosco. Ele afirma isto com muita clareza: "Eis que estou à porta e bato: se alguém ouvir a minha voz e me abrir a porta, entrarei em sua casa e cearemos, eu com ele e ele comigo" (Ap 3,20). Jesus nos diz:

> Ora, esta é a vontade daquele que me enviou: que eu não deixe perecer nenhum daqueles que me deu, mas que os ressuscite no último dia. Esta é a vontade de meu Pai: que todo aquele que vê o Filho e nele crê tenha a vida eterna; e eu o ressuscitarei no último dia (Jo 6,39-40).

Para o Senhor, qualquer um de nós é muito importante. Ele nos ensina isso com uma parábola:

> Que vos parece? Um homem possui cem ovelhas: uma delas se desgarra. Não deixa ele as noventa e nove na montanha, para ir buscar aquela que se desgarrou? E, se a encontra, sente mais júbilo do que pelas noventa e nove que não se desgarraram. Assim é a vontade de vosso Pai celeste, que não se perca um só destes pequeninos (Mt 18,12-14).

Ele convida a todos, chama os justos e os injustos, os que têm saúde e os doentes (cf. Mt 9,12). A experiência de encontrar-se com Deus é maravilhosa e cativante. E da parte de Deus o encontro está assegurado em sua Palavra. Então, depende só do indivíduo querer ou não se encontrar com Deus. Às vezes, pensamos ter dado os passos para esse encontro, mas, bem no fundo, estamos cheios de reservas, de imposições, de medos e condições. Esta não é uma atitude própria de quem decide confiar e amar a Deus.

Vamos descrever brevemente alguns testemunhos do encontro com Deus, para exemplificar a importância dessa experiência para o seguidor e discípulo/catequista de Jesus. (Os nomes usados nos testemunhos são fictícios, mas as experiências, descritas resumidamente, são autênticas).

**Testemunho 1** – Um encontro com Deus presenciado pela comunidade.

Num retiro de dois dias, para casais, tudo corria bem com uma exceção – Sebastião, um esposo, foi ao encontro muito contrariado e estava radicalmente hostil à equipe que ministrava o retiro. Olhava para eles com muito desprezo e, quando passava por perto de um membro da equipe, explicitava o desprezo de diferentes formas. Durante os ensinamentos, sorria com ar de deboche. Para a equipe, foi profundamente difícil conviver com essa situação e tentar manter o mandamento de Deus, de amor incondicional e caridade. Essa hostilidade durou o retiro todo, que era de dois dias, até a missa de encerramento. Durante a missa, em certo momento, Sebastião pôs-se de pé e, chorando, passou a confessar o arrependimento e a testemunhar o que estava acontecendo naquele momento. Pedia perdão a todos e não cessava de manifestar a alegria que sentia. Sebastião havia se encontrado com Deus e irradiava alegria! Todos do retiro se alegraram com sua experiência.

**Testemunho 2** – Um encontro com Deus visto por um pequeno grupo.

Rosinha, de família católica, vivia uma religião de obrigações e estava vivendo longe de suas raízes comunitárias. Foi convidada por uma amiga a participar de um grupo de oração e aceitou. Seu esposo, Chico, católico por tradição de família, não se interessou pelo convite e tinha uma boa desculpa para não ir – estava extremamente ocupado com seus estudos, que exigiam muito dele. Tinha de estudar até tarde da noite, todos os dias. Rosinha chegou do primeiro encontro de oração e Chico, desinteressado e sem deixar sua mesa de estudos, mas para dar uma atenção, perguntou: "Como foi o encontro?" As explicações que Rosinha deu pareceram muito estranhas para Chico, que fez mais algumas perguntas e depois continuou estudando. Rosinha continuou indo ao grupo de oração e, quando voltava, a rotina acima se repetia. Na quarta vez em que chegou da oração, Chico, como de costume, indagou: "Como foi a oração?". E Rosinha começou a chorar. Chico assustou-se, porque uma característica marcante da esposa é que não chorava de modo algum! Então, preocupado, deixou seu local de estudos e foi tentar descobrir o que havia acontecido. A esposa, por repetidas vezes, dizia que estava chorando de alegria; que era maravilhoso o que estava sentindo e o que havia acontecido enquanto um pequeno grupo de pessoas intercedia por sua amiga. E então ela experimentou algo que não sabia explicar. Chico não entendeu nada e pensava: "Fizeram uma lavagem cerebral em minha mulher!". Rosinha tentava acalmá-lo, explicando que tudo tinha se dado de modo simples, em oração. Chico quis saber o que era e tomou a decisão de acompanhar a esposa ao grupo, para cuidar dela. E passou a fazê-lo com sua vigilância de pessoa muito racionalista. Por um bom tempo, Chico vigiou as reuniões. Mas tudo era muito pacífico, e as pessoas pareciam falar com Deus de modo estranhamente íntimo! E Chico via sua mulher muito mudada, integrada ao grupo, mas alegre e em paz. O que acontecia? Como era isso? Não entendia! Só depois percebeu que Rosinha havia tido um maravilhoso encontro com Deus! E sua vida mudou muito daí em diante.

**Testemunho 3** – Um encontro com Deus muito discreto e privativo.

Chico, bem persistente, continuou frequentando o grupo de orações de modo vigilante e fechado. Depois de algum tempo, no grupo, foi anunciado que haveria um curso para os principiantes. Chico inscreveu-se pensando poder entender melhor. Frequentou as reuniões de oração, ensino e partilha. Ao final, um grupo de intercessores orava aos que desejassem. Na oração de intercessão, observou que, para muitas das pessoas pelas quais o grupo intercedia, aconteciam experiências bonitas que ele próprio não experimentou. Pela equipe foi-lhe pedido que permanecesse fiel à oração e à leitura da Palavra de Deus, e lhe garantiram que ele teria sua experiência de encontro com

Deus. Chico, com sua personalidade persistente, fez o compromisso de perseverar em oração e leitura da Palavra. Toda noite pegava a Bíblia para ler, mas logo a Bíblia lhe caía das mãos e ele dormia. É que, como ia à missa aos domingos por tradição de família, aqueles textos lhe eram familiares e os achava um pouco cansativos. Entretanto, Chico persistia na tentativa da leitura. Quinze dias depois, fazendo a leitura, Chico teve uma experiência muito forte e discreta! Naquela noite lia um texto bíblico daqueles que antes o fazia dormir. De repente, se viu entendendo e se inserindo na narrativa, se comovendo profundamente, enquanto se interessava cada vez mais e chorava de alegria. Tivera um encontro marcante com Deus na intimidade de sua leitura e oração pessoal. Chico passou por uma profunda transformação em sua vida. Experimentou muita paz, esperança e uma fé testemunhal. Sua vida mudou muito a partir desse encontro com Deus.

Estes três testemunhos ilustram que o encontro com Deus acontece de diferentes maneiras, como aprouver a Deus; e esses encontros são entre pessoas vivas (você e Deus) e, portanto, muito marcantes e transformadores.

### *O encontro com Deus é indispensável para anunciá-lo*

Como fazer catequese, como apresentar ao filho um Deus que você não encontrou e não conhece? Como evangelizar, se você não aplica os valores evangélicos em sua vida? O primeiro passo, como já foi afirmado, é buscar o encontro com Deus, que certamente não será único, porque é um encontro maravilhoso e cativante e se repetirá num caminhar com Deus. Essa iniciação é indispensável para receber dele as graças para sua missão de discípulo catequista.

*Onde buscar o encontro com Deus?*

O encontro pessoal com Deus pode acontecer de muitas maneiras, conforme os desígnios de Deus, e depende da busca honesta da consciência e das características pessoais de cada um. Entretanto, existem condições criadas pela Igreja que podem favorecer esse encontro. Por exemplo, em um ambiente preparado com oração, distante da agitação presente na rotina da vida diária, onde haja silêncio necessário e onde seja feito o anúncio dos fundamentos da fé (do querigma) com autoridade e testemunho de vida, certamente, a proximidade e o encontro pessoal com Deus serão favorecidos.

A Igreja dispõe de muitos recursos, além das liturgias e dos sacramentos, para propiciar esses ambientes, como a organização de encontros, retiros, cursos presenciais ou a distância. Estes podem ser feitos pelas paróquias ou por vários movimentos e serviços. É necessário, entretanto, que não se restrinja a apenas um encontro, ou movimento ou serviço, pois todos eles trabalham para a Igreja, e esta, para Cristo. O encontro pessoal é com Jesus Cristo, com Deus, para ser discípulo dele, primeiro em casa, depois na comunidade, na Igreja, e na sociedade.

A oração, a leitura e a reflexão da Palavra, bem como a participação nos sacramentos, são também formas básicas de encontrar-se com Deus e caminhar com Ele.

## Escutar e responder a Deus

*Deus chama a todos*

A paternidade e a maternidade são dons de Deus ofertados ao casal. Para seguir o plano de Deus, é preciso que a paternidade e a maternidade sejam exercidas no matrimônio.

Ao conceber um filho, o casal recebe também a graça de Deus para educá-lo. Os pais, independentemente do grau de instrução que tenham, podem dar ao filho o que há de mais precioso – o presente da fé e a consequente salvação; podem transmitir a ele os valores do respeito a si próprio e aos outros; podem torná-lo honesto, solidário e justo. Para isso, os pais necessitam apropriar-se da graça para educar-se e educar os filhos na fé. Este é o primeiro e mais importante ministério do discípulo que é pai ou mãe. É dessa forma que os pais exercem a catequese no lar com autoridade e é por meio dessa catequese e evangelização que os pais prestam seu mais relevante serviço a Deus, à Igreja e ao mundo.

Há muitas famílias, porém, em que os pais não vivem o matrimônio conforme o projeto do Criador. Na sociedade atual, é grande o número de uniões irregulares, de uniões provisórias e eventuais com a geração de filhos, bem como de separações que dão origem a famílias monoparentais e famílias reconstruídas e mais complexas. Dessas situações surgem crianças e adolescentes cuja catequese está sob a responsabilidade só da mãe ou só do pai, dos avós, de padrastos ou de outros responsáveis, que não são os pais biológicos, sem falar nas crianças sem nenhum apoio no lar.

O plano de Deus, para a geração dos filhos, é a união conjugal de entrega mútua e total dos pais no matrimônio. Quando não se segue esse projeto, não é de surpreender que as dificuldades da educação e da catequese sejam maiores, não como punição de Deus, mas como consequência das situações, escolhas e ações. É necessário, porém, que os pais que vivem nessas condições não se sintam excluídos da Igreja ou da comunidade, pois todos são chamados por Deus. É oportuno refletir sobre a parábola do "Filho pródigo", para constatar que, seja qual for a situação em que se encontram, serão recebidos com festa, se decidirem voltar à casa do Pai. A própria parábola foi contada por Jesus, contrapondo a proposta dos fariseus de exclusão. Veja o ensinamento de Jesus, na parábola.

> [...] Um homem tinha dois filhos. O mais moço disse ao pai: Meu pai, dá-me a parte da herança que me toca. O pai então repartiu entre eles os haveres. Poucos dias depois, ajuntando tudo o que lhe pertencia, partiu o filho mais moço para um país

> distante, e lá dissipou a sua fortuna, vivendo dissolutamente. Depois de ter esbanjado tudo, sobreveio àquela região uma grande fome e ele começou a passar penúria. [...] Entrou então em si e refletiu: Quantos empregados há na casa de meu pai que têm pão em abundância... e eu, aqui, estou a morrer de fome! Vou me levantar e irei a meu pai, e lhe direi: Meu pai, pequei contra o céu e contra ti; já não sou digno de ser chamado teu filho. Trata-me como um dos teus empregados. Levantou-se, pois, e foi ter com seu pai. Estava ainda longe, quando seu pai o viu e, movido de compaixão, correu-lhe ao encontro, o abraçou e o beijou. O filho lhe disse então: Meu pai, pequei contra o céu e contra ti; já não sou digno de ser chamado teu filho. Mas o pai falou aos servos: Trazei depressa a melhor veste e vesti-lha, e ponde-lhe um anel no dedo e calçado nos pés. Trazei também um novilho gordo e matai-o; comamos e façamos uma festa. Este meu filho estava morto, e reviveu; tinha se perdido, e foi achado. E começaram a festa (Lc 15,11-32).

O responsável, ou os responsáveis, pelo filho, pela criança, são, portanto, chamados a aproximar-se de Deus e da comunidade de irmãos para realizar a catequese do filho ou dos filhos.

Não basta encontrar-se com Deus. É preciso responder, com determinação e prioridade, ao chamado que Deus fez e continua fazendo a seus discípulos. Veja este diálogo de Jesus:

> Outra vez um de seus discípulos lhe disse: "Senhor, deixe-me ir primeiro enterrar meu pai". Jesus, porém, lhe respondeu: "Segue-me, e deixa que os mortos enterrem seus mortos" (Mt 8,21-22).

Nossa resposta a esse chamado depende de ser ou não discípulo do Mestre. Seguir Jesus e ser discípulo é uma escolha consciente, uma experiência e decisão maravilhosas.

## *A experiência de caminhar com Deus*

Ao responder ao chamado de Deus, encontrar-se com Ele, escutá-lo e com Ele caminhar, a pessoa é cativada pelo amor; é instruída na fonte da sabedoria; começa a aplicar na própria vida os valores que vai aprendendo e, decididamente, assumindo; e passa a pertencer à comunidade chamada Igreja. Muito cedo nessa caminhada começa a se formar nossa experiência de fé (que pode ser resumidamente entendida como a história da caminhada com Deus); então, passamos a experimentar a fidelidade do Senhor, que sempre cumpre suas promessas, que é poderoso e está presente o tempo todo. Essa caminhada e essa experiência de fé são profundamente motivadoras e contagiantes. Assim, vai se formando o discípulo de Jesus, que começa a se apropriar da graça de formador, catequista e evangelizador.

O discípulo de Jesus exerce seu ministério de catequista e formador com autoridade não porque é justo, perfeito, sábio etc., mas porque dispõe da graça de Deus e busca sempre escutá-lo e fazer sua vontade, além de buscar a formação e a integração com a comunidade.

Por meio dessa caminhada com Deus e da experiência de fé que dela decorre, a tarefa dos pais passa a ser exercida com fundamento e autoridade, apoiada por testemunhos e exemplos de vida verdadeiros. A catequese, quando desenvolvida nessas condições, é eficaz, pois é capaz de transformar a vida da pessoa, criar e sustentar relacionamentos e, quando difundida, transforma a comunidade e a sociedade. Essa forma de catequese também é gratificante e eficiente, pois vai além da simples leitura e explicação do livro da catequese pastoral.

A conversão, a adoção de valores evangélicos na própria vida e a consequente experiência não são coisas que se concluem. Ninguém nunca está formado e pronto só porque terminou esse processo de conversão! É preciso iniciar e continuar com perseverança. A formação, a conversão, a experiência de fé e os testemunhos vão sendo construídos no decorrer do trabalho e da missão. Portanto, essa conversão não é apenas racional ou intelectual, nem de sentimentalismo; ao contrário, abrange a pessoa como um todo, com sua inteligência e afetividade, com corpo e alma e de forma equilibrada.

## *Fazer a vontade de Deus*

Os pais e responsáveis pela catequese no lar são chamados a fazer a vontade de Deus. Jesus Cristo diz:

> "[...] Quem é minha mãe e quem são meus irmãos?" E, apontando com a mão para os seus discípulos, acrescentou: "Eis aqui minha mãe e meus irmãos. Todo aquele que faz a vontade de meu Pai que está nos céus, esse é meu irmão, minha irmã e minha mãe" (Mt 12,48-50).

Então, como responder a esse desafio?

# Desafio para os pais

## Decidir confiar em Deus com perseverança

Existe uma tendência, mais ou menos geral, de considerar a confiança apenas como um sentimento. Entretanto, aqui tratamos a confiança como uma decisão muito consciente que inclui sentimentos diversos, como insegurança, medo, segurança, esperança etc. É por isso que insistimos na decisão de confiar. Essa decisão não é uma novidade, e sim um recurso frequentemente usado por professores em sala de aula. Em certas oportunidades, um professor, tendo de se ausentar por alguns instantes da sala de aula, decide passar a responsabilidade de tomar conta da classe ao aluno em quem menos tem motivo para confiar. Geralmente, essa confiança é correspondida e surte efeito, porque o aluno "não confiável" sente-se valorizado. Então, ele, que seria o primeiro a promover a desordem na ausência do professor, passa a ser o líder da classe.

Para decidir confiar, levamos em conta nossos sentimentos, nosso pensamento e a convicção de que, por sua origem, a pessoa que Deus criou é boa. É claro que a decisão de confiar nas pessoas pode exigir discernimento, certo acompanhamento e cuidado.

Entretanto, não é assim com a decisão de confiar em Deus. Ele é verdadeiramente confiável.

Quando decidimos confiar em Deus com perseverança, significa que agimos com inteligência, sentimento e vontade. Mesmo que haja sentimentos de incerteza, insegurança ou medo, ainda assim decidimos acreditar e confiar e não vamos desistir diante das primeiras dificuldades. Ao final, teremos uma bela experiência de poder testemunhar a fidelidade de Deus.

Essa decisão de confiar é um passo muito importante para encontrar-se com Deus, caminhar com Ele, conhecê-lo e tornar-se seu discípulo. Tanto os primeiros como os atuais discípulos são exemplos de pessoas que decidiram acreditar e assim passaram a caminhar com Deus, experimentando sua fidelidade e seu amor.

## Tornar-se discípulo de Jesus e igreja doméstica

Ninguém pode esperar estar pronto para ser discípulo de Jesus, para ser catequista e evangelizador. Como afirmamos, o pré-requisito é que haja um encontro com Deus e uma decisão de segui-lo, escutá-lo e procurar viver conforme seu projeto.

Os casais têm como primeiro compromisso edificar o seu relacionamento conjugal conforme o plano de Deus. Este é o compromisso já assumido na celebração do matrimônio, com o cônjuge, com a Igreja e com Deus, de ser fiel em todos os momentos e especialmente nos momentos difíceis. Isso envolve amor, decisão e todos os demais valores cristãos. Muitos pensam que o primeiro compromisso é com os filhos, mas não é assim. Um dos maiores bens que os filhos recebem está na qualidade do relacionamento de seus pais entre si e na integridade de sua união conjugal, que é a sustentação do lar.

A união conjugal sólida, edificada em valores evangélicos e com relacionamentos de qualidade, é um bem para o casal, para os filhos, para a Igreja e para a sociedade. É incalculável a alegria que vem do sacramento do matrimônio, vivido com fidelidade a Deus e ao cônjuge. Entretanto, os mais beneficiados com essa bênção são os filhos, que estão diretamente ligados a esse relacionamento. O sinal de amor da união conjugal dos pais é um fator fundamental na catequese dos filhos.

Aqueles que quiserem aprofundar no entendimento do projeto de Deus, para o casal e para a família, podem recorrer, por exemplo, aos cursos oferecidos pelo Inapaf (Instituto Nacional da Família e da Pastoral Familiar, da Comissão Nacional da Pastoral Familiar da CNBB. Também podem recorrer ao curso "Família, torna-te aquilo que és", do EAD – curso oferecido pela internet e também oferecido em DVDs. Ver referências, ao final.

Não há espaço aqui para pormenorizar a grandeza desse ministério de casal, mas vale ressaltar que dele se beneficiam, profundamente, além dos filhos e da família, a escola, a catequese, todos os organismos de segurança social, a Igreja e a evangelização.

A construção de relacionamentos cristãos entre os responsáveis pela catequese, como referido anteriormente, não se restringe aos casais sacramentados. Todos os responsáveis pela catequese no lar são chamados por Deus a construir relacionamentos cristãos na família e a ser testemunhas de Cristo na catequese que fazem.

## *Tornar-se membro do corpo de Cristo*

Todo o anúncio da boa-nova de Jesus Cristo busca formar comunidade. A comunidade mais básica é a família, mas ela não se fecha em si. Na comunidade cristã, em geral, cada um se preocupa em cuidar do outro, do irmão. Esta é a comunidade daqueles que querem caminhar com Jesus. São Paulo considerou essa comunidade como o corpo, e cada pessoa que a integra, como membro desse corpo. Chamou a unidade assim constituída de "corpo de Cristo", como mostra na passagem a seguir.

> Porque, como o corpo é um todo com muitos membros, e todos os membros do corpo, embora muitos, formam um só corpo, assim também é Cristo. Em um só Espírito fomos batizados todos nós, para formar um só corpo, judeus ou gregos, escravos ou livres; e todos fomos impregnados do mesmo Espírito. Assim, o corpo não consiste em um só membro, mas em muitos. E se a orelha dissesse: "Eu não sou o olho; por isso, não sou do corpo",

deixaria ela de ser do corpo? Se o corpo todo fosse olho, onde estaria o ouvido? Se fosse todo ouvido, onde estaria o olfato? Mas Deus dispôs no corpo cada um dos membros como lhe aprouve. Se todos fossem um só membro, onde estaria o corpo? Há, pois, muitos membros, mas um só corpo. O olho não pode dizer à mão: "Eu não preciso de ti"; nem a cabeça aos pés: "Não necessito de vós". Antes, pelo contrário, os membros do corpo que parecem os mais fracos são os mais necessários. E os membros do corpo que temos por menos honrosos, a esses cobrimos com mais decoro. Os que em nós são menos decentes, recatamo-los com maior empenho, ao passo que os membros decentes não reclamam tal cuidado. Deus dispôs o corpo de tal modo que deu maior honra aos membros que não a têm, para que não haja dissensões no corpo e que os membros tenham o mesmo cuidado uns para com os outros. Se um membro sofre, todos os membros padecem com ele; e, se um membro é tratado com carinho, todos os outros se congratulam por ele. Ora, vós sois o corpo de Cristo e cada um, de sua parte, é um dos seus membros (1Cor 12,12-27).

Os filhos, sob a catequese testemunhal dos pais ou de seus responsáveis, passarão a integrar esta comunidade chamada corpo de Cristo. O fato de a família pertencer fielmente à comunidade já é uma forte ação evangelizadora e catequética. É um testemunho precioso no tempo presente, primeiro para os filhos, mas vai muito além. É precioso para a Igreja e para a sociedade.

O fato de o casal viver o projeto de Deus e ser uma boa base de sustentação e referência para sua família não assegura um crescimento homogêneo, contínuo e fiel dos filhos na fé. No "mar revolto" da cultura laicista (laicismo é o resultado da degeneração do princípio da laicidade, pela cultura atual) em que vivem nossas famílias, mesmo quando os pais "pilotam o barco" família de modo seguro, os filhos podem viver – e frequentemente o vivem – a experiência do filho pródigo. Deixam a segurança do "barco dos pais" e tentam se aventurar no "mar revolto" da cultura moderna. O que acontece, geralmente, é que, como o "filho pródigo", (cf. Lc 15,11-32), após algumas desventuras, voltam para a casa dos pais e amadurecem na fé, sempre que os pais permanecem firmes e fiéis ao Senhor. O papel dos pais, nesses casos, é manter o "barco" no rumo certo.

## Discernir o chamado e assumir o apostolado

Uma vez que os pais assumem o papel de discípulos de Jesus e catequistas de seus filhos, mantendo o desafio de perseverar em seu relacionamento conjugal, logo começam a observar os resultados na formação de seus filhos.

Estando atentos a escutar a Deus, em oração, na Palavra, na liturgia da Igreja, na observação diligente dos sacramentos da Igreja e na participação das atividades da comunidade, abrem-se oportunidades de exercerem seus apostolados e de levarem o evangelho aos outros. Nessas oportunidades, terão de saber exatamente a que o Senhor os chama e os envia, porque assim poderão perceber os frutos do trabalho. Com isso, exercerão sua integração no corpo de Cristo. Para não assumir atividades em excesso e fazer coisas por vaidade, vale lembrar que ninguém é chamado, por Deus, a fazer tudo; ninguém é insubstituível. Entretanto, todo discípulo é chamado e a ele o Senhor confia alguma missão, pois é um membro do corpo.

Os pais e responsáveis que vão aprendendo a ajudar suas famílias poderão ajudar outras famílias da comunidade a encontrar o caminho de realizar a catequese de seus filhos. Isso certamente é de grande importância para a Igreja.

A respeito desse processo de tornar-se discípulo, nos parece oportuno escutar o que a Igreja da América Latina e do Caribe nos ensina (*Documento de Aparecida, 278*):

> No processo de formação de discípulos missionários, destacamos cinco aspectos fundamentais que aparecem de maneira diversa em cada etapa do caminho, mas

que se complementam intimamente e se alimentam entre si:

a) O Encontro com Jesus Cristo: Aqueles que serão seus discípulos já o buscam (cf. Jo 1,38), mas é o Senhor quem os chama: "Segue-me" (Mc 1,14; Mt 9,9). É necessário descobrir o sentido mais profundo da busca, assim como é necessário propiciar o encontro com Cristo que dá origem à iniciação cristã. Esse encontro deve renovar-se constantemente pelo testemunho pessoal, pelo anúncio do querigma e pela ação missionária da comunidade [...].

b) A Conversão: É a resposta inicial de quem escutou o Senhor com admiração, crê nele pela ação do Espírito, decide ser seu amigo e ir após ele, mudando sua forma de pensar e de viver [...].

c) O Discipulado: A pessoa amadurece constantemente no conhecimento, amor e seguimento de Jesus Mestre, se aprofunda no mistério de sua pessoa, de seu exemplo e de sua doutrina. Para esse passo, são de fundamental importância a catequese permanente e a vida sacramental, que fortalecem a conversão inicial e permitem que os discípulos missionários possam perseverar na vida cristã e na missão em meio ao mundo que os desafia.

d) A Comunhão: Não pode existir vida cristã fora da comunidade: nas famílias, nas paróquias, nas comunidades de vida consagrada, nas comunidades de base, nas outras pequenas comunidades e movimentos [...].

e) A Missão: O discípulo, à medida que conhece e ama o seu Senhor, experimenta a necessidade de compartilhar com outros a sua alegria de ser enviado, de ir ao mundo para anunciar Jesus Cristo [...].

# Exercícios práticos para pais e responsáveis catequistas

Qualquer perito em educação deve concordar que a formação integral requer o exemplo do formador. Quando se busca apenas a instrução, o exemplo e o testemunho ajudam, mas não são exigências. A catequese é formação que muda comportamentos e exige o exemplo e o testemunho do formador.

Por essa razão, a seguir, mostraremos, de forma pormenorizada, a orientação e os exercícios para pais e responsáveis pela catequese. Trata-se de exercícios pessoais para o casal, familiares e de integração da família à comunidade. Como veremos, os exercícios pessoais deverão ser levados para o relacionamento de casal e para os demais relacionamentos. E toda essa experiência vai subsidiar os exercícios com a família e a comunidade. Assim, a catequese vai apresentar resultados animadores.

## Exercícios pessoais para o discípulo catequista

### *Praticar o diálogo com Deus*

O diálogo pessoal com Deus pode ser novidade para alguns pais que estejam um pouco mais afastados da Igreja ou menos ativos em sua proximidade com Deus. Para outros, pode ser um exercício prático de aprofundamento, mas todos serão beneficiados ao dialogar com Deus, que é a fonte de toda a sabedoria e poder, e o único que conhece o ser humano por inteiro, pois o criou.

### *Falar com Deus*

Falar com Deus é uma prática essencial. Pode-se falar com Deus por meio de orações aprendidas na Igreja ou em família; pode-se falar baixinho ou falar alto; pode-se estar sozinho ou em companhia de outros. Quem ainda não fala espontaneamente com Ele pode inicialmente sentir-se meio perdido, porque não o vê ou pode sentir-se ridículo, como se estivesse falando "sozinho"! Pode pensar: se alguém me vir, o que vai pensar de mim? E outras dificuldades podem surgir.

Ao falar com Deus, você não está falando sozinho. Ele é Deus vivo, autor da vida! É o autor de sua vida. Se Deus não for um Deus vivo, não vale a pena crer nele. Para constatar de forma prática, que Ele é o Deus vivo e verdadeiro, tome a iniciativa de falar você mesmo com Ele. Pode ser necessário, inicialmente, afastar-se para um local onde possa estar só e em silêncio. Não ensaie um discurso. Fale com simplicidade como quem conversa com o próprio pai; fale a Ele daquilo que está em seu coração; fale das dúvidas, das preocupações, dos sofrimentos, dos medos, das alegrias, dos agradecimentos, das reclamações que você quer fazer a Ele, das perguntas etc.

Você pode ir se acostumando a conversar com Deus de modo mais livre, à medida que, por experiência, constatar que Ele está presente, escuta você, o ama como ninguém, o conhece pelo nome e ainda responde a você. Quando você se sente como criança na presença de Deus, então o falar com Deus fica mais fácil e despreocupado, como resultado da confiança e do amor que permeiam sua relação com Deus.

As crianças aprendem isso com muita naturalidade, principalmente quando têm o exemplo em casa.

*Escutar a Deus*

Deixe Deus falar com você. É preciso aprender a escutá-lo. É preciso parar e dedicar um tempo a isso. Deus fala de muitas maneiras: no silêncio de seu coração, na sua consciência, por meio dos irmãos de comunidade e da Igreja, mas uma das maneiras muito práticas para escutar a Deus é buscando sua Palavra, na Bíblia.

Para as pessoas que ainda não estão acostumadas a escutar a Deus na Palavra, o melhor seria buscar alguma formação dada pela Igreja, como as oferecidas por movimentos e serviços da Igreja. Entretanto, qualquer pessoa pode iniciar a leitura sozinha. Nesse caso, sugerimos que inicie pelo Novo Testamento. Faça aquilo que é chamado de "leitura orante" da Palavra. Como? Escolha uma passagem bíblica e, antes de iniciar a leitura, peça a presença do Espírito Santo.

Primeiro, é preciso ler com atenção, tentando entender o texto, a época em que se passa, quem está presente naquele episódio e o que diz o texto. Em seguida, é necessário ler de novo procurando escutar a Deus, se colocando, mentalmente, entre os que estão naquela narrativa, tendo em mente a questão: "O que Deus está falando para mim, hoje, nesta passagem bíblica?". E, após escutar a resposta, pense um pouco sobre o que Deus falou para você. Para concluir, é ideal responder a Ele explicitamente e em oração espontânea.

Nesse tipo de exercício, você não apenas escuta a Deus, mas vai aprendendo a dialogar e a criar proximidade com Ele.

Vale reforçar que, sem a ajuda do Espírito, nem mesmo os intelectuais extraem dos textos sagrados o que é essencial. Com sua presença, porém, mesmo as pessoas mais leigas aprendem lições preciosas. A familiaridade com a Bíblia e a proximidade com Deus crescem juntas, à medida que se exercita a leitura, a escuta, a reflexão e o diálogo.

## Entregar o dia e as situações a Deus

*Dialogando com Deus você decide confiar a Ele o seu dia*

Se Deus é aquele que nos ama incondicionalmente a ponto de dar seu filho, Jesus, para nos salvar (cf. Jo 3,16), se Ele é o autor da vida, o Todo-Poderoso e sábio e se buscamos o caminho mais seguro, tanto para esta vida temporal como para a vida eterna, é bom, é inteligente, é seguro e traz esperança buscar sua proteção. Também colocar nosso destino e o destino daqueles que amamos em suas mãos Entregar a Ele cada dia de vida que dele recebemos é prudência e sabedoria.

Uma prática sábia é, diariamente, confiar ao Senhor nossos passos e também confiar a Ele aqueles que estão sob nossos cuidados. Também podemos colocar em suas mãos nossas dúvidas, nossos medos, nossas preocupações em geral com a família, as dificuldades na formação religiosa, entre outras, permitindo que Ele nos guie.

### Testemunho

Diariamente, logo pela manhã Maecos oferece seu dia a Deus. E, ao longo do dia, de vez em quando fala com Ele, seja para agradecer, seja para pedir ou reclamar.

Quando sua família está vivendo tempos muito difíceis na angústia, ao orar a Deus, Marcos escuta dele palavras de conforto, como:

> O deserto e a terra árida se regozijarão. A estepe vai alegrar-se e florir.

> [...] Fortificai as mãos desfalecidas, robustecei os joelhos vacilantes. Dizei àqueles que têm o coração perturbado: "Tomai ânimo, não temais! Eis o vosso Deus!" [...] Ele mesmo vem salvar-vos (Is 35,1-4).
>
> Aliviei os seus ombros de fardos, já não carregam cestos as suas mãos, na tribulação gritaste para mim e te livrei; da nuvem que troveja eu respondi, junto às águas de Meriba eu te provei [Sl 80(81),7-8].
>
> Que diremos depois disso? Se Deus é por nós, quem será contra nós? Aquele que não poupou seu próprio Filho, mas que por todos nós o entregou, como não nos dará também com ele todas as coisas? Quem poderia acusar os escolhidos de Deus? É Deus quem os justifica. Quem os condenará? Cristo Jesus, que morreu, ou melhor, que ressuscitou, que está à mão direita de Deus, é quem intercede por nós! Quem nos separará do amor de Cristo? A tribulação? A angústia? A perseguição? A fome? A nudez? O perigo? A espada? (Rm 8,31-35).

Dessa forma, nossa amizade, nossa proximidade com Deus, cresce, porque teremos a oportunidade de ver que Ele se preocupa conosco.

## Assumir a prática de valores e construir a experiência de fé

Valores pessoais são aqueles ensinamentos de Deus que a pessoa coloca livremente em sua vida com determinação. Não apenas conhece, mas vive de fato, assume.

Quem decide acreditar e começa uma caminhada com Deus terá seguramente a oportunidade de conhecê-lo e passará a amá-lo. Então, irá aceitar seus ensinamentos e progressivamente adotá-los na vida, no dia a dia, não por obrigação ou por medo, mas por amor e gratidão. Experimentará (sentir e entender) o bem pessoal, familiar, comunitário e social que resulta da adesão aos valores cristãos. Seguem alguns exemplos desses valores:

- O amor decisão;
- O perdão;
- A dignidade incondicional da pessoa;
- O escutar;
- A confiança.

No entanto, adotar esses e outros valores na própria vida não é muito simples. São ensinamentos do Senhor assumidos com firmeza pelos discípulos que decidem segui-lo.

### *O valor do amor decisão*

O amor decisão é um mandamento do Senhor.

> Tendes ouvido o que foi dito: Amarás o teu próximo e poderás odiar teu inimigo.

> Eu, porém, vos digo: amai vossos inimigos, fazei bem aos que vos odeiam, orai pelos que vos (maltratam e) perseguem. Desse modo sereis os filhos de vosso Pai do céu, pois Ele faz nascer o sol tanto sobre os maus como sobre os bons, e faz chover sobre os justos e sobre os injustos (Mt 5,43-45).

O exemplo de Jesus no Calvário é o supremo exemplo do amor decisão, quando Ele, no extremo da injustiça e do sofrimento, decide orar ao Pai pelos seus algozes (cf. Lc 23,34).

O grande desafio é amar nos momentos difíceis, porque qualquer pessoa ama no momento fácil, ama aqueles que são (ou estão) amáveis. Obedecer a Deus, que manda amar até o inimigo, requer uma firme decisão. E assumir isso na vivência diária é um grande passo no encontro e na caminhada com Deus, sendo um dos mais importantes recursos para um relacionamento sólido, estável e duradouro. Tanto na vida conjugal como familiar, o amor decisão é necessário para dar solidez e qualidade cristã aos relacionamentos. Este é um recurso catequético essencial. O amor decisão é, portanto, um mandamento para todos os relacionamentos, mas é requerido com muita frequência no lar, onde os contatos são diários.

**Testemunho**

Rogério e Sônia, um casal que tenta ser fiel a Deus, estavam passando por dificuldades em seu relacionamento.

Não se entendiam, por mais que tentassem dialogar. Então, o casal resolveu sair para dar uma volta e foi para um local sossegado a fim de dialogar e tentar acertar o relacionamento. Nessa tentativa, a situação de conflito piorou muito, a ponto de Rogério, muito irritado, dizer: "Desse jeito não dá! Você vai por aí, eu vou do outro lado da rua!", e saiu. Começou a caminhada em separado e logo pensou em Deus. Veio à sua mente o mandamento do amor (amar nos momentos difíceis). Ainda muito irritado, pensou: "Vou orar pelo inimigo que agora é ela". E começou com sinceridade dizendo a Deus, mais ou menos assim: "Senhor, vê o que está acontecendo! Nós somos teus servos, mas veja que servos você escolheu! Você não poderia ter escolhido alguém melhor? Veja nossa situação! Tentamos melhorar dialogando e piora! Parece que não posso fazer nada... Bem, você mandou orar pelo inimigo e isso eu posso fazer. Neste momento, meu inimigo é ela, minha esposa". Então, Rogério começou a orar, agradecendo a Deus pelas qualidades dela e reclamando daquilo em que ele se sentia injustiçado. Por sua vez (depois ele soube), ela também fazia sua oração ao Senhor, com a decisão de amar. Ao final da caminhada, quase uma hora depois, Rogério nem a via, porque já estava anoitecendo, e pensava que Sonia iria para casa sozinha, pois estaria muito zangada e faria questão de deixá-lo para trás. Quando ele foi se aproximando, viu que ela o esperava. Sonia veio ao seu encontro com um grande abraço muito carinhoso. Ambos se sentiram curados e reedificados em seu relacionamento. Então, constataram que Deus é fiel e que sua graça é real.

Decidir amar nos momentos de dificuldade é um mandamento de Deus que, se levado a sério, é sempre uma oportunidade de experimentar a presença e a recompensa dele em nossa vida.

## *O valor do perdão*

Assumir com determinação o "pedir perdão" e o "perdoar" é também um grande desafio para o discípulo – o pai ou responsável – catequista. Para ter o perdão como valor pessoal, é preciso perdoar (ou pedir perdão) sempre que constatar o erro. Isso é um aprendizado. Reconhecer os próprios erros e, com humildade e sinceridade, pedir perdão é um exercício a ser feito pessoalmente e começa em casa. Deve-se pedir perdão não só ao adulto, ao idoso, mas também ao jovem, à criança. Ao contrário de poder parecer covardia ou fraqueza, isso é um gesto de grandeza e é educativo tanto para quem pede quanto para quem concede o perdão, assim como um excelente fator de cura para todos os envolvidos.

### Testemunho

Sérgio é um pai zeloso, mas sua pedagogia era um tanto inadequada. Quando suas filhas pequenas tinham conflitos, ele intervinha e, com autoridade, exigia o perdão e a reconciliação. Uma das filhas acatava a determinação do pai, mas a outra não, mesmo que o pai recorresse à "pedagogia do chinelo". Ele ficava profundamente irritado e frustrado. Não entendia o porquê disso. Algum tempo depois, Sérgio teve um encontro com Deus e passou a adotar em sua vida os valores cristãos de relacionamentos, entre os quais estava pedir perdão e perdoar, algo que jamais tinha feito antes. Então, a filha, que não pedia perdão nem sob pressão, aprendeu a fazê-lo com certa naturalidade.

A outra via do perdão é o perdoar. Embora seja igualmente difícil e necessário, é também gratificante e libertador. O ato de perdoar é relevante para o seguidor e discípulo de Cristo com a missão de catequista. Quem alega que perdoou alguém, mas afirma que essa pessoa "morreu", de fato não perdoou. Às vezes não se consegue perdoar alguém, por causa da dureza da ofensa, ou do próprio coração, mas Deus nos aconselha como agir nessas situação em Mateus 5,44, citado anteriormente: "[...] amai vossos inimigos, fazei bem aos que vos odeiam, orai pelos que vos perseguem" . Perdoar, além de ser um mandamento de Deus, é elemento eficaz de cura dos relacionamentos, cura da afetividade. Essa cura é indispensável e deve ocorrer primeiro entre marido e mulher e entre pais e filhos que vivem mais próximos e, por isso, costumam se "machucar" com mais frequência. Entretanto, o perdão é cura para todos os relacionamentos. A pessoa que perdoa experimenta não só a cura do relacionamento, mas sente os efeitos físicos dessa cura, além de ver crescer sua proximidade com Deus.

**Testemunho**

Suzana viveu problemas marcantes bem cedo, na sua infância, por causa do abandono do pai, que deixou a família para viver com outra mulher. O trauma desse abandono foi agravado pela mãe que, em seu sofrimento, não soube conter seus sentimentos e acabou levando as crianças a nutrir profunda revolta contra o pai. Suzana sofreu com esse trauma até por volta dos 30 anos de idade, já casada e com filhos. Ela carregava inúmeros traumas resultantes da falta de perdão ao pai, quando então teve um encontro com Deus. Ao começar a colocar os valores cristãos na própria vida, teve grande dificuldade para perdoar seu pai. Entretanto, com a ajuda do esposo e após longo período de oração pelo pai, Suzana vivenciou a cura e o perdão e sentiu amor pelo pai. Houve um encontro de reconciliação com profundas curas. Os efeitos dessa reconciliação se irradiaram para os outros membros da família e as curas propiciaram uma grande bênção.

É claro que isso não é fácil! Ser discípulo de Jesus não é fácil, mas experimente a caminhada! Aproxime-se do Mestre e você verá o significado e os resultados de assumir seus ensinamentos como valores.

## *Aceitação da dignidade incondicional da pessoa*

Aceitar a dignidade da pessoa como foi concedida por Deus Criador é outro grande desafio. A dignidade que Deus concedeu a cada pessoa é incondicional. A pessoa não a perde, porque aquilo que Deus dá ninguém pode tirar, muito embora seja comum a pessoa ignorar a própria dignidade e a do outro. Veja na Palavra a dignidade que Deus concedeu a cada pessoa que criou. Somos semelhantes a Ele:

> Então Deus disse: "Façamos o homem à nossa imagem e semelhança; [...] Deus criou o homem à sua imagem; criou-o à imagem de Deus, criou o homem e a mulher" (Gn 1,26-27).

Aceitar a dignidade própria e a do outro como Jesus aceita e adotar isso em nossa vida como valor pessoal é outra tarefa nossa, pais e mães catequistas e discípulos do Mestre. Quando alguém consegue adotar esse valor na própria vida, ele não só resgata a qualidade de sua vida e do relacionamento, obtendo uma elevada capacidade educadora, como também imita o Mestre, que fortalecia os abatidos e ensinava com autoridade. Hoje, fala-se muito em motivação e, de fato, ela é importante. Não existe fator motivador maior que o resgate da dignidade humana original, concedida por Deus. O resgate da dignidade humana é um dos mais fortes recursos de evangelização. É preciso entender bem isso e, conscientemente, aceitar o desafio de assumir esse valor.

**Testemunho**

Ângela, discípula de Jesus, consagra diariamente seu dia a Deus e tenta viver os valores evangélicos e irradiá-los. Certo dia, dirigindo no centro da cidade, ao parar, sentiu uma batida na traseira do carro, mas, pelo retrovisor, nada viu. Desceu e viu um motoqueiro caído com a moto. Assustada e preocupada, apressou-se em perguntar: "Você se machucou?". Ele, em vez de responder, perguntava: "Amassou o carro?". Como Ângela insistia em saber se ele estava bem, ele retrucou com certa admiração: "A senhora está mais preocupada comigo do que com seu carro?". Ângela respondeu que a vida dele era incomparavelmente mais importante que o carro. Ele estranhou profundamente!

É comum e parece até normal, nos dias de hoje e em nossa sociedade, valorizar mais os bens e as vaidades do que as pessoas e todos os outros seres vivos. A dignidade humana é frequentemente ignorada. Isso fere profundamente a vontade de Deus. Jesus Cristo valorizava cada ser humano e dava atenção especial aos humildes e excluídos.

## *O valor escutar*

O ato de escutar é um valor que integra o mandamento do amor. A escuta está profundamente subestimada em nossos dias. Quando exercido adequadamente, o escutar é um poderoso recurso de valorização da pessoa, de resgate da aceitação da dignidade e um profundo gesto de amor. Logo, é essencial na evangelização e na catequese.

Escutar não é ouvir. Ouvir é função própria do ouvido. O ouvido ouve qualquer ruído, sons agradáveis ou desagradáveis. Pode-se ouvir, mesmo sem prestar atenção. O ouvido ouve e pronto. Escutar é muito diferente. O ato de escutar é realizado pela pessoa toda – olhos e ouvidos, vontade, sentimentos e razão. Ao escutar, fazemos a leitura dos gestos, da expressão verbal e da não verbal e até do silêncio.

O ato de escutar está ligado a "sentir junto", aprofundar o entendimento do que é comunicado com palavras, com gestos, com a expressão não verbal ou com o silêncio. A pessoa que é escutada sente-se valorizada e amada. Portanto, para escutar, é preciso aceitar um grande desafio. É algo a ser exercitado que requer tempo prioritário. Requer a decisão de amar nos momentos difíceis etc.

**Testemunho**

Luís estava muito concentrado em suas atividades quando a filha Mariana, de 4 anos de idade, veio lhe pedir uma folha de papel. Luís disse: "Estou ocupado, depois o papai dá". Mariana saiu e, em menos de cinco minutos, voltou e pediu novamente a folha de papel. O pai repetiu, em tom um pouco mais alto: "Depois o papai dá". Passado mais um curto espaço de tempo, ela voltou a insistir com o pedido, ao que o pai, bronqueado e alterado disse: "Já não falei que estou ocupado e que depois dou a folha?". Mariana saiu muito chateada e chorando. De repente, o pai se lembrou de que no dia seguinte era dia dos pais. Então, entendeu que ela devia ter de fazer alguma tarefa de escola ou algum trabalho para o pai. Logo, percebeu a gravidade de não escutar a filha. Então, foi procurá-la para pedir perdão e providenciar a folha de papel. A filha, ainda com lágrimas nos olhos, o perdoou.

Nesse episódio, Luís aprendeu muito sobre a importância de escutar e não apenas ouvir e aprendeu ainda a pedir perdão e a perdoar como criança, sem guardar ressentimentos.

*O valor da confiança*

A confiança, como abordado anteriormente, não envolve apenas sentimento, é uma decisão que tomamos com discernimento, que exercitamos e que é essencial para abrir espaço ao diálogo entre duas ou mais pessoas. Em geral, também é um forte elemento motivador, especialmente para propiciar a comunicação entre as pessoas. Quando se deposita confiança em alguém, esse alguém se sente importante e valorizado e também passa a confiar mais e a partilhar coisas mais significativas de si mesmo.

No diálogo entre casais ou entre pais e filhos, para que as pessoas se abram, falem de si e se mostrem como de fato são, é necessário que haja confiança. Isso é requisito para que também ocorra a verdadeira escuta e haja uma comunicação eficaz, na qual seja possível conhecer um ao outro mais profundamente.

Como os demais valores, a confiança é um valor relevante a ser exercitado.

**Testemunho**

Zezinho vive muito bem com sua mulher. Às vezes, passa por pequenos conflitos que logo se resolvem. Eles já são casados há anos. Certo dia, Zezinho recebeu um telefonema anônimo de uma mulher que fazia denúncias muito graves contra sua esposa e dizia ter provas concretas de infidelidade. Essa pessoa esperava uma reação muito rigorosa de Zezinho, o que não aconteceu. Ele disse em tom normal: "Se você tem provas concretas e, como você disse, tem nosso endereço, venha com seu esposo e vamos nos encontrar os quatro" (O esposo da denunciante estaria envolvido na suposta infidelidade.) Ela ficou muito irritada por não escutar a reação que esperava. Desligou batendo o telefone e a reunião sugerida nunca se realizou. Quando a esposa de Zezinho chegou em casa, com calma ele relatou o ocorrido e ela ficou indignada e ávida de saber quem seria. Logo, porém, se acalmou. Depois de algum tempo, Zezinho e a esposa souberam quem era a denunciante. Não era casada. Os pormenores que havia recolhido da vida de Zezinho e da esposa vinham do local de trabalho, de onde ela conhecia a esposa de Zezinho. E a denúncia que fizera fora por ciúmes no trabalho. Zezinho e a esposa só puderam desvendar a trama quando algo semelhante aconteceu com outra colega de trabalho.

Nesse episódio, a confiança foi uma decisão, um valor cristão. A esposa de Zezinho se sentiu valorizada e amada. O relacionamento entre o casal se fortaleceu. E a fidelidade de Deus, para com os que o amam e fazem sua vontade, foi visível.

Como se pode ver, os valores exemplificados acima são evangélicos e estão todos relacionados entre si. São elementos a serem assumidos com persistência e sem eles não é possível tornar-se discípulo de Jesus Cristo, nem realizar uma catequese eficaz.

Outros valores como ser aberto e transparente, ser solidário, ser honesto etc. são desafios evangélicos igualmente importantes e que precisam ser assumidos pelo discípulo de Jesus e catequista dos filhos.

Adotar os valores evangélicos na própria vida, como vimos, requer determinação para fazer a vontade de Deus. Portanto, a primeira decisão a tomar é a de amar a Deus e acolher seus ensinamentos por amor. Temos uma forte razão inicial: Ele nos amou primeiro e deu sua vida por nós; é nosso verdadeiro amigo, como nos ensina João: "Com efeito, de tal modo Deus amou o mundo, que lhe deu seu Filho único, para que todo o que nele crer não pereça, mas tenha a vida eterna" (Jo 3,16). E continua:

> No amor não há temor. Antes, o perfeito amor lança fora o temor, porque o temor envolve castigo, e quem teme não é perfeito no amor. Mas amamos, porque Deus nos amou primeiro. Se alguém disser: "Amo a Deus", mas odeia seu irmão, é mentiroso. Porque aquele que não ama seu irmão, a quem vê, é incapaz de amar a Deus, a quem não vê (1Jo 4,18-20).

## *Agradecer a Deus*

O pai, a mãe ou responsável catequista deve se acostumar a agradecer a Deus por tudo. Por exemplo, o presente de mais um dia de vida para si e para seus familiares; tudo que de graça recebe e que atribui à natureza; qualquer pequeno progresso de um dos membros da família; agradecer as refeições sempre que possível; reunir a família pelo menos em uma das refeições e fazer uma oração de agradecimento. Quando adquirir uma pequena maturidade na fé, o pai discípulo irá agradecer até pelas coisas que parecem ruins. São Paulo ensina: "Aliás, sabemos que todas as coisas concorrem para o bem daqueles que amam a Deus" (Rm 8,28). Agradeça, mesmo não entendendo bem o que se passa. Jesus Cristo tirou o maior bem possível para toda a humanidade ao passar pelo sofrimento e injustiça em seu sacrifício na cruz.

**Testemunho**

Em um apostolado que assumimos para a formação de agentes de pastoral, em um curso a distância, um presidiário, mesmo de dentro do presídio, fez o curso por correspondência. Depois de algum tempo de caminhada, teve um encontro com Deus. Transbordando de alegria, ele nos escreveu uma longa carta testemunhando seu encontro com Deus, o que estava sentindo e vivendo. Ao longo da carta, ele manifesta, mais ou menos, o seguinte: "Eu não canso de agradecer a Deus por estar na prisão, pois, na vida que sempre levei, eu nunca experimentaria esta alegria e felicidade de me encontrar com Deus.

*Viver na presença de Deus*

Deus não coabita com o pecado. Portanto, para viver na presença de Deus, é necessário romper com o pecado. Reconhecer o próprio pecado não pode ser considerado algo fora de moda! Pecado é tudo aquilo que nos afasta de Deus. Reconhecer e confessar as próprias faltas significa ser honesto, e a honestidade agrada a Deus. A Igreja oferece o Sacramento da

Penitência para a reconciliação com Deus. Um pai catequista não pode desprezar esse ensinamento e essa ajuda que a Igreja oferece. Assim, a frequência aos sacramentos da Igreja é parte importante da vida do pai catequista.

> Aqueles que se aproximam do sacramento da Penitência obtêm da misericórdia divina o perdão da ofensa feita a Deus e ao mesmo tempo são reconciliados com a Igreja que feriram pecando, e a qual colabora para sua conversão com caridade exemplo e orações (CIC 1066).

## *Abençoar os filhos*

O pai, a mãe ou o responsável catequista precisam redescobrir o grande valor e poder que reside em abençoar os filhos. Como afirmamos, a bênção de Deus que os pais dão aos filhos é bíblica.

### Testemunho

Paulo e Leila não costumavam cultivar o hábito de abençoar seus primeiros filhos desde pequenos, porque sua fé andava meio abalada. Eles próprios, na casa de seus pais, tiveram essa experiência e hábito, mas o abandonaram. Depois de um despertar na fé, resgataram a importância da bênção. Então, passaram a cultivar esse precioso valor com o filho caçula e os netos (quando estes estavam presentes, o que era muito frequente), desde pequenos. Tornou-se um hábito comum os netos receberem a bênção quando estavam na casa dos avós e, com o gesto de colocar a mão na cabeça, os pequenos retribuíam a bênção e o gesto, abençoando os avós. Os que já estão adultos pedem a bênção, onde quer que estejam e diante de outras pessoas, sem nenhum constrangimento. Dessa forma, hábito de abençoar e de pedir a bênção foi resgatado nessa família e tornou-se um grande bem.

### *Dar tempo, atenção e ajudar o cônjuge*

A forma como os cônjuges ou responsáveis catequistas se relacionam entre si é uma poderosa escola, capaz de formar ou de danificar a formação da personalidade da criança ou adolescente. Então, é preciso cultivar a qualidade dos relacionamentos para com o cônjuge.

O tratamento amoroso, paciente, de auxílio nas pequenas e grandes coisas, a cortesia, o reconhecimento do valor do outro etc. são ensinamentos catequéticos concretos e vigorosos para serem adotados na vida dos pais ou responsáveis pela evangelização e catequese.

### *Construir experiência de fé e testemunho*

Todos os comportamentos antes exemplificados, se exercitados, vão constituir uma gratificante experiência pessoal de fé. Isso significa conhecer ao Deus vivo, presente, companheiro, que ama e se deixa conhecer. À medida que construímos essa proximidade com Deus, vamos vivendo/experimentando a presença de Deus e formando o que chamamos de experiência de fé.

## Testemunho

Eu, desde criança, aprendi a rezar somente as orações usuais de nossa Igreja. Minha família era muito fiel na oração diária do terço. Mas eu tinha preguiça e o fazia obrigado, principalmente porque tínhamos de ficar todos de joelho. Depois, fui relaxando. Nossa família nunca deixou de participar das missas. Mas eu tinha a sensação de que era pouco útil minha oração. Eu o fazia por obrigação. No dia a dia, eu não era muito diferente de qualquer pessoa que se diz católico, mas era omisso. Após meu encontro pessoal com Deus, já aos 35 anos de idade, descobri em Deus um companheiro que sempre tem tempo para me escutar com paciência; que fala comigo pessoalmente, que responde às minhas orações e me dá forças para segui-lo. Hoje sinto alegria em falar com Deus. Às vezes me emociono ao perceber sua atenção dispensada à minha pequenez! Quando estou orando sozinho e não tem ninguém por perto, gosto de falar alto, para que eu mesmo escute o que estou dizendo. Tenho muitos motivos para acreditar que Deus me escuta e me responde. Voltei a gostar de rezar e a valorizar o terço e participo ativamente de nossa Igreja. Tudo isso me dá alegria, segurança e esperança. Posso testemunhar que em muitas oportunidades Deus não só me escutou, mas respondeu-me de modo preciso.

Por exemplo: certa vez, eu e minha esposa, após relutar em não aceitar, diante da insistência de nosso Bispo, assumimos compromisso de fazer um ensinamento em um evento muito grande, com dezenas de milhares de pessoas. Nunca havíamos feito algo semelhante, muito embora, em menor escala, sempre fazíamos ensinamentos. Preparamos e oramos muito. No dia do evento, diante de uma multidão e à medida que o momento se aproximava, fui ficando cada vez mais nervoso e cheguei a um extremo de não pensar em nada, não me lembrar de nada. Faltavam apenas uns 20 minutos para o início. Saí desesperado do palco, achei um lugar isolado de tudo e de todos, levando minha Bíblia na mão. Apavorado, orei ao Senhor em alta voz, em tom pouco cortês. Disse mais ou menos: "Senhor, você sabe tudo. Sabe que eu não pedi para fazer este trabalho. Acreditei que você me mandou. Agora veja a minha situação! O que faço?". Sem rumo, abri a Bíblia ao acaso, coisa que não costumava fazer, e onde caiu meu olhar li:

> Pois eu, o Senhor, teu Deus, eu te seguro pela mão, e te digo: "Nada de medo, Jacó, pobre vermezinho, Israel, mísero inseto, sou eu quem venho em teu auxílio, diz o Senhor, teu Redentor é o Santo de Israel" (cf. Is 41,9-14).

Me senti como quem leva um pequeno puxão de orelha; me senti mimado por Deus, como alguém em quem o pai passa a mão na cabeça e anima; me senti fortalecido na fé, confiante. Então, voltei para fazer a pregação com minha esposa, que nem havia percebido a minha angústia. O primeiro beneficiado pela pregação, sem dúvida, fui eu.

Experiências assim vão nos fortalecendo a fé, vão construindo nossa "experiência de fé". Nessa caminhada, somos testemunhas de Deus. Somos catequistas evangelizadores.

## Exercícios para o casal

Todos os exercícios pessoais que acabamos de sugerir para os pais ou responsáveis catequistas são também exercícios que se aplicam ao relacionamento conjugal, sendo o exemplo dos pais muito significativo para a formação dos filhos.

*Dialogar*

O casal precisa dialogar. Conflitos sempre vão existir onde quer que existam duas ou mais pessoas que se relacionam. O maior recurso para resolver conflitos é o diálogo. O casal que dialoga com profundidade e transparência de seus sentimentos constrói relacionamentos cristãos e, assim, é capaz de oferecer uma catequese de alto valor a seus filhos.

O diálogo a que nos referimos aqui é aquele que não fica apenas na discussão de ideias. É um diálogo no qual o casal busca entender os mais profundos sentimentos um do outro; esse diálogo que permite e dá tempo a cada um para que expresse seus sentimentos; nesse tipo de diálogo, as pessoas aprendem a escutar com paciência e a confiar umas nas outras, abrindo o coração. É um diálogo no qual cada um vai se conhecendo ao mesmo tempo que conhece a si mesmo com maior profundidade. Esse conhecimento cultivado no diálogo vai revelando a criatura digna, feita pelo Criador, conforme já mencionado (cf. Gn 1,27).

Para aprender a dialogar, recomendamos algum aprofundamento no assunto (Ver: Módulo 1 da Fase 3 do Curso a Distância do Inapaf).

Mais adiante focamos esse tema com mais profundidade e citamos um exemplo de diálogo na família.

### *Celebrar a vida juntos*

Um grande presente e ensinamento que os pais catequistas podem dar a seus filhos é uma união fortalecida e um relacionamento de qualidade. Isso deve ser construído no dia a dia, constantemente. Outro fator que favorece o relacionamento é o companheirismo: o casal precisa celebrar a vida juntos; também precisa namorar e priorizar o tempo a dois, sem os filhos, dispondo, sempre que possível, de alguma privacidade, no lar ou fora dele. Isso é de grande valor pedagógico para a catequese dos filhos.

### *Participação do casal na vida comunitária*

Os pais catequistas precisam ensinar seus filhos a fazer parte da comunidade chamada Igreja, o corpo de Cristo. Novamente, o melhor caminho é o exemplo. Então, os pais (ou responsáveis) devem escutar o chamado de Deus e da Igreja e juntos discernir de que devem participar. É muito importante que o casal assuma, junto, seu apostolado comunitário, pois a Igreja necessita do testemunho conjugal e familiar; necessita do sinal sacramental do matrimônio. Os filhos também precisam desse exemplo.

## Exercícios familiares

### *Estender os exercícios aos filhos*

Os exercícios de cultivo dos valores evangélicos em família são necessários. Sem esses exercícios familiares, não se constroem relacionamentos de comunidade familiar cristã. Entretanto, eles precisam ser atrativos, e cada um precisa se sentir valorizado e ter participação ativa. Não deve ser uma imposição, muito embora a persistência em conquistar os filhos para a participação seja oportuna.

Os recursos fundamentais para os exercícios familiares que seguem devem vir da experiência de fé do pai, da mãe e dos responsáveis, conforme já mencionado. Eles levarão para as crianças, adolescentes e jovens tudo o que exercitaram no cultivo da proximidade com Deus e entre si.

### *Diálogo geral em família*

Aprofundemos um pouco mais o tema diálogo, para estendê-lo também a toda a família. O diálogo com os filhos é um recurso evangelizador e catequético indispensável. É preciso aprender a dialogar exercitando. Quando o diálogo é exercido com eficácia, cada participante cresce, a união familiar se fortalece e as pessoas se sentem importantes e valorizadas.

Por dois motivos, que citaremos a seguir, é útil e necessário pormenorizar a metodologia e os elementos essenciais do diálogo.

Primeiro: o significado do termo "diálogo", nesta abordagem, difere um pouco do que apresenta uso comum da linguagem corrente. A explanação e o exemplo a seguir vão ajudar a esclarecer essa diferença.

Segundo: alguns elementos e métodos são essenciais para poder exercitar o diálogo em família. O que é o diálogo, então, neste contexto?

O diálogo em família é aquele no qual seus membros, voluntariamente, reúnem-se para refletir e partilhar os sentimentos mais profundos e assim, progressivamente, é possível se autoconhecerem, promovendo o crescimento pessoal e o aprimoramento da relação familiar.

Podemos chamar essa comunicação dos sentimentos mais profundos de "comunicação profunda".

É preciso estar atento para o fato de que, nas primeiras reuniões, para alguns membros da família, será difícil partilhar algo profundo enquanto não tiver confiança de que pode fazê-lo no grupo. Esse clima de confiança, geralmente, quando se está principiando ainda não é propício para certas confidências. Ele vai sendo criado à medida que o exercício se repete. Por isso, reforçamos que os pais podem e devem exercitar antes, entre si, o diálogo, para depois conduzir o diálogo em uma reunião em família. As reuniões não devem ser muito frequentes ou longas, para não cansar. (O ideal é que seja realizada a cada quinze dias, com duração de duas horas no máximo, por exemplo). Já o casal deve realizar o diálogo com maior frequência.

São compromissos assumidos antes do início do diálogo em família pelos participantes:

- Respeitar o valor e a dignidade incondicionais de cada pessoa participante.
- Escutar ativa e respeitosamente a pessoa que estiver partilhando, sem interrompê-la, sem dar conselhos e sem censura.
- A qualquer momento, ter presente o compromisso de perdoar e de amar.
- Decidir confiar em cada membro da família.
- Ao compartilhar, fazer isso de forma aberta, sincera e honesta, e manter o foco em si, partilhando o que sente e o que pensa do que sente. Existe grande facilidade da pessoa que vai partilhar começar a dar ensinamento, conselhos e não falar de si mesma. Isso prejudica a qualidade e o alcance dos objetivos do diálogo.
- Ao revelar algo de si, não compartilhar assuntos particulares do sacramento da penitência (confissão). Estes devem ser tratados no sacramento com o sacerdote, que tem compromisso de sigilo de qualquer confidência feita em confissão e tem autoridade, dada por Deus, para conceder o perdão.

- Manter sincero e respeitoso sigilo dos assuntos partilhados na reunião de família.
- Ser paciente enquanto uma pessoa está partilhando. Mesmo que ela chore, não a interromper e, caso a partilha se alongue, esperar em silêncio.

Providências práticas:

- Estabelecer uma data para a reunião de diálogo familiar conveniente para todos e então dar prioridade à reunião.
- Atrair cada membro da família para a reunião, sem forçá-lo ou obrigá-lo. Deve-se apenas ir cativando-o. Se um ou outro não participar inicialmente, esperar e tentar conquistá-lo.
- O local para o diálogo deve ser silencioso e confortável.
- Antes do início da partilha, é recomendável que se faça uma breve oração. Não se trata de uma reunião de oração, mas de entrega da reunião a Deus, pedindo a presença do Espírito Santo.
- Se a família aprecia cantar, pode fazer um canto no início e no fim.
- Valorizar a presença dos que estão participando.
- Para cada reunião, é necessário escolher uma pergunta, para que cada um a responda ao partilhar.

- O tema da pergunta para a partilha deve ser motivador.
- Se um ou outro membro da família preferir não participar, ou, estando presente, quiser ficar em silêncio e só escutar, não insistir. Com o passar das reuniões, ele passará a partilhar.
- Não corrigir erros da pessoa que partilha, nem interrompê-la na tentativa de solucionar seus problemas, oferecer ajuda ou dar conselhos.
- Ao todo, a reunião para o diálogo de família não deve exceder duas horas.
- As crianças pequenas devem participar desenhando. O que fizerem deve ser valorizado ao final da reunião.
- Encerrar a reunião com uma breve oração de agradecimento a Deus pela vida de cada um e pelas partilhas.
- Fazer um canto final (facultativo).

Os temas das perguntas, para o diálogo em família, são naturalmente motivadores, porque permitirão que cada um fale de si e de sua afetividade.

## Exemplos de temas para perguntas

- Como me sinto em relação a meu trabalho, aos estudos, ao namoro etc.?
- Como vai minha amizade com Deus? Como me sinto em relação a isso?

- O que acho de nosso modo de ver TV? Como me sinto em relação a isso?
- Como me sinto em relação ao tratamento que recebo em casa?
- Quais dos meus sentimentos recentes são mais importantes?
- Quais as qualidades mais importantes que encontro em mim? Como me sinto em ralação a elas?
- Quais as qualidades mais importantes de nossa família? O que eu acho dessas qualidades?
- O que mais me preocupa em nossa família?
- Que esperanças tenho para minha vida? Quais são as minhas expectativas em relação a isso?
- Quais são as minhas expectativas em relação a nossa família? O que acho disso?
- Qual é o meu projeto de vida? Como me sinto em relação a isso?
- Como me sinto a respeito do uso do computador e de outros equipamentos eletrônicos em nossa casa ou em nossa família?

## Testemunho do diálogo em família

A família de Zélia e Marcos desenvolveu o hábito de dialogar, nos moldes sugeridos anteriormente. No início, os diálogos eram menos espontâneos e um pouco menos produtivos. Com o passar do tempo e com os exercícios, a participação cresceu muito e cresceu também em qualidade. Em algumas oportunidades, o diálogo é feito com um número de familiares bem reduzido, apenas três pessoas. Em outras oportunidades, tempos de férias, o diálogo em família chega a reunir quinze pessoas. Em qualquer um dos casos, é extremamente bom, importante e útil. É uma oportunidade para compreender o que se passa com o outro. Às vezes, mesmo estando juntos, sabe-se muito pouco como o filho, ou o cônjuge, se sente.

Na família de Zélia e Marcos, tanto com a família reduzida ou ampliada, o diálogo é sempre esperado com alegria. As partilhas são profundas e muito significativas. Todos os membros da família esperam pelas reuniões de família como quem espera por uma grande festa. Os benefícios desses diálogos são inestimáveis. Muitas vezes, as revelações de cada participante são surpreendentes e comoventes.

### *Diálogo em família sobre as Escrituras*

O diálogo em família pode e deve ser embasado em textos escolhidos da Bíblia. Não pense que isso torna o diálogo enfadonho. Ao contrário, é profundamente gratificante para os membros da família, e cada um aprende a escutar a Deus, falar com Ele e partilhar seus sentimentos e pensamentos com transparência e confiança.

O diálogo em família sobre as escrituras é semelhante ao que acabamos de mostrar. Formula-se uma pergunta, para reflexão e partilha, sobre um texto escolhido das Escrituras, de preferência de um dos Evangelhos. A pergunta deve focar os sentimentos experimentados no contexto da Palavra de Deus.

Pode-se dizer que o diálogo assim realizado é uma iniciação à leitura orante da Bíblia, seguida de uma partilha em família.

### *Companheirismo e celebrações*

A família necessita compartilhar momentos festivos. Isso não requer grandes recursos, mas sim prioridade e valorização de cada um de seus membros. A festa a que nos referimos aqui é a reunião da família em pequenos eventos, em partilhas alegres e celebrações. Pode ser por um motivo especial, como um aniversário ou uma conquista, ou pode ser apenas para agradar a um membro da família, sem uma razão especial, com o fim de cultivar o companheirismo. A festa deve incluir a participação do Senhor.

### *Limites*

A questão de limites está fortemente fragilizada na sociedade moderna. O estabelecimento de limites é uma parte essencial da catequese e da formação de crianças e adolescentes. Para estabelecer limites com autoridade, os pais catequistas precisam estabelecer os próprios limites entre si e ser fiéis no cumprimento do que foi estabelecido. Precisam estabelecer limites claros para os filhos, explicar o porquê das normas, e ser firmes na exigência de seu cumprimento. Precisam também valorizar todo o esforço dos filhos no cumprimento do que se determinou. O não atendimento ao que foi estabelecido precisa ser cobrado e penalizado.

*Participação da família na vida comunitária*

A participação dos pais na vida comunitária é o "carro-chefe" da integração dos filhos à vida da comunidade. Entretanto, é necessário ter o discernimento para que a participação dos pais (ou só do pai, ou só da mãe) na vida comunitária não passe a ser um castigo para os filhos, que ficam sempre privados da companhia de um ou de ambos. Também não pode ser uma forma de abandono do companheirismo e do monitoramento necessário para a formação dos filhos. É preciso escolher, discernir e criar oportunidades nas quais toda a família participe. Os membros da família podem fazer juntos alguma atividade ou ainda podem participar de atividades comunitárias, como as do ministério de música na liturgia ou a liturgia em geral, os eventos voltados para a família e aqueles direcionados a crianças ou jovens com a monitoração e a participação dos pais.

## Exercícios comunitários

Os exercícios de participação comunitária vão representar a integração da família ao corpo de Cristo. A própria comunidade oferece muitas atividades que propiciam a participação dos membros da família. Existe oportunidade de participação para os jovens, para adolescentes e crianças. Essa participação deve ser acompanhada (monitorada e avaliada) pelos pais ou responsáveis. Existem ainda (ou podem ser criadas) oportunidades de atividades de formação, convivência festiva e atividades realizadas na Igreja que possibilitam a participação de toda a família.

*Participar das liturgias e dos sacramentos na comunidade*

A participação familiar na liturgia é necessária e educativa. Essa participação deve ser incentivada e ter a monitoria e o exemplo dos pais ou responsáveis. Para as crianças e adolescentes, ela não pode ser facultativa; deve ser obrigatória e contar com a devida motivação dos pais. Para os jovens, tornar essas atividades compulsórias geralmente não funciona. Os recursos mais eficazes para atrair e convencer os jovens a participar são, além do exemplo dos pais, ao construir relacionamentos de qualidade, a valorização da participação da família em todos os momentos litúrgicos, em eventos como as missas aos domingos e dias santos, em datas especiais como Natal, Semana Santa, entre outros.

*Assumir a missão que Deus confiar com discernimento*

A família precisa participar da vida comunitária. A forma de participar é responsabilidade primeiro do casal, sempre solicitando também a opinião dos filhos. O discernimento é algo muito importante para todos, mas é fundamental para os pais catequistas. Se, por um lado, o pai, a mãe ou ambos assumem atividades demais na comunidade, facilmente isso irá acabar criando nos filhos certa rejeição pela Igreja, pois irão achar que ela lhes "rouba" a companhia dos pais. Por outro lado, não se pode fazer dos filhos uma boa desculpa para faltarem aos compromissos comunitários. Com discernimento e paciência, a família irá encontrar os compromissos ideais para todos, conforme o chamado de Deus.

## *Nas dificuldades, perseverar*

Os discípulos de Cristo não estão isentos de dificuldades. O Mestre adverte:

> Em seguida, convocando a multidão juntamente com os seus discípulos, disse-lhes: "Se alguém me quer seguir, renuncie-se a si mesmo, tome a sua cruz e siga-me" (Mc 8,34).

Se abandonarmos os compromissos diante das dificuldades, estamos sendo infiéis ao chamado de Deus. As comunidades cristãs são constituídas de pessoas imperfeitas. Sempre haverá discórdias, conflitos, inveja, mas também haverá caridade e ajuda. E é por isso que somos chamados a servir a Deus.

# Conclusão

O pai, a mãe ou os responsáveis, quando assumem seu papel de discípulos e de catequistas diante de Deus, vão experimentar a paz e a esperanças em suas vidas e na vida de seus filhos. Perceberão a progressiva transformação nos relacionamentos com os filhos, em família e em seus relacionamentos dos filhos com Deus, com a Igreja, na escola e na sociedade. É claro que essa transformação não progride de modo homogêneo e também não acontece de uma hora para outra. Ela é segura e notória, mas progride em meio aos altos e baixos e com as dificuldades próprias do "mar revolto" da sociedade em que vivemos.

Pais e responsáveis, na proximidade da vida comunitária promovida pela catequese familiar, vão descobrindo e ajudando os filhos a construir seus projetos de vida com Deus, na vida familiar e profissional. O filho, desde cedo, vai idealizando o próprio modelo de família, que quer construir para si no futuro, e certamente sua família atual lhe servirá de referência.

Os pais e responsáveis vão constatando, na prática e na vida diária, a fidelidade de Deus no cumprimento de suas promessas. Também vão percebendo muitas transformações positivas em seus relacionamentos, em si próprios, no cônjuge, na família, na comunidade eclesial e na sociedade de que fazem parte. Vão reconhecendo que estão construindo um mundo melhor dentro desses ambientes sociais.

# Apêndice

## Como Igreja, pensar a catequese: problemática e respostas

### *Problemas e realidade desafiantes*

1. A catequese é uma grande prioridade na Igreja. Está bem estruturada em quase todas as paróquias e comunidades, mas é muito significativa a frustração das lideranças por causa da pouca perseverança dos adolescentes e jovens após a preparação para a primeira Eucaristia e o Crisma.
2. A solução desse problema requer a participação eficaz da família do catequizando, e os pais devem fazer a parte que lhes cabe, principalmente dando exemplos.
3. Grande parte das famílias não cumpre seu papel porque passa por dificuldades e está fragilizada em seus relacionamentos. Algumas famílias já começam mal, são constituídas de modo provisório e com certa suscetibilidade ao fracasso e à separação; outras vivem relacionamentos de má qualidade. Outras ainda, em decorrência dos maus

relacionamentos, se desestruturam e são reconstruídas. Algumas passam por diversas tentativas de reconstrução, tornando-se ainda mais complexas.

4. Para cumprir bem seu papel, a família precisa urgentemente de ajuda.
5. Os agentes da Pastoral Catequética, em geral, não têm a formação específica suficiente para oferecer esse tipo de ajuda à família em termos de construção de relacionamentos.
6. A Pastoral Familiar, que tem a responsabilidade de realizar esse serviço, não está devidamente estruturada em muitas paróquias, além de não contar com agentes preparados e em número suficiente.

## *Uma forma eficaz para a Igreja confrontar essa realidade*

1. Formar agentes devidamente preparados para constituir uma Pastoral Familiar estruturada e ajudar as famílias em seus relacionamentos.
2. Essa formação é integral (cognitiva e comportamental), sistemática, urgente e indispensável, especificamente na questão comportamental, que significa a construção progressiva de relacionamentos próximos fundados em valores evangélicos assumidos.
3. Concomitantemente com a formação, a Pastoral Familiar é estruturada e o treinamento

do agente vai sendo realizado em dois ambientes: no lar e no serviço de ajuda às famílias por meio da pastoral.

4. A pastoral da Igreja é o corpo de Cristo e precisa ser orgânica na prática. Então, as articulações entre pastorais precisam ser construídas, o que implica a formação de agentes de pastorais, na questão familiar e em outros campos correlacionados (catequese, juventude, menor, criança etc.).
5. Os movimentos familiares podem e devem participar desse esforço de ajuda à família. Já o fazem em boa medida, mas o trabalho articulado com a Pastoral Familiar fortalece ambas as partes. A Pastoral Familiar tem abrangência diferente dos movimentos familiares. O serviço pastoral estende-se à família toda e a todas as famílias (e não apenas aos casais regulares ou que podem ser regularizados), apoiando fortemente a catequese. Para haver essa articulação da pastoral, os movimentos não podem ser autossuficientes. Precisam buscar a formação de agentes, além da formação específica do movimento, e precisam ainda estar articulados com a pastoral.

*Suporte oferecido e recursos disponibilizados pela comissão nacional*

A Igreja no Brasil, constatando esse grande desafio e a necessidade urgente de formação de agentes, criou

– há mais de duas décadas – por intermédio da Comissão Nacional de Pastoral Familiar (CNPF), ligada à CNBB pela Comissão Episcopal Pastoral para a Vida e a Família (CEPVF), o Instituto Nacional da Pastoral Familiar (Inapaf), para oferecer formação sistemática de agentes e, assim, favorecer a estruturação do serviço de ajuda à família.

O Inapaf cria subsídios, propõe metodologia e outros recursos para a formação de agentes. Além disso, disponibiliza:

- Curso a distância com acompanhamento;
- Cursos presenciais intensivos;
- Cursos semipresenciais;
- Cursos pela internet.

*Curso a distância*

Está disponível para qualquer pessoa que queira inscrever-se. Traz visão sequencial, sistemática, abrangente e profunda da Pastoral Familiar. Oferece os conteúdos em 24 módulos pedagogicamente elaborados, com monitoria a distância e certificação.

Aspectos favoráveis do ensino a distância:

- É econômico;
- É individualizado e adequado à disponibilidade de tempo e ritmo de estudo do aluno;
- A época de início e término do curso é flexível;
- Atinge igualmente diferentes regiões;
- Pode ser utilizado por qualquer pessoa que queira.

*Cursos presenciais intensivos*

- São ministrados em regionais ou dioceses, com o mínimo de quinze horas cada um;
- São quatro cursos diferentes: o primeiro oferece uma visão global e aborda tópicos fundamentais da Pastoral Familiar. Os demais aprofundam o estudo sobre cada setor da Pastoral Familiar;
- Subsídio – manual para cada curso presencial.

*Cursos semipresenciais*

- Combinação do curso a distância com encontros presenciais locais;
- Trabalho articulado entre o Inapaf e o Núcleo Regional de Formação, adequado à rápida multiplicação da formação de agentes;
- Subsídios: módulos, manuais e apresentações para cada módulo.

*Cursos pela internet (Cooperação Inapaf e TV Século 21)*

- Mais de cem videoaulas divididas em partes: 1, 2 e 3 (disponibilizadas pela internet ou em DVDs);
- Apostilas;
- Avaliação *on-line*;
- Tutoria;
- Certificação.

Todos esses esforços para a formação foram e estão sendo empreendidos para qualificar pessoas (agentes) que possam apoiar as famílias em seus relacionamentos e permitir que elas cumpram, com eficácia, seu papel relevante para a catequese e a formação de cidadãos.

# Referências bibliográficas


ALBERICH, Emilio. *Catequese evangelizadora*: manual de catequética fundamental. São Paulo: Salesiana, 2004.

CARMO, Solange Maria. *Como fazer catequese familiar?*. Tese de doutorado. Faculdade Jesuíta de Filosofia e Teologia de BH. Belo Horizonte, 2012.

CELAM. *Documento de Aparecida:* texto conclusivo da V Conferência Geral do Episcopado Latino-Americano e do Caribe: 13-31 de maio de 2007. Tradução de Luiz Alexandre Solano Rossi. Brasília: CNBB; São Paulo: Paulus/Paulinas, 2007.

CELAM. V Conferência Geral do Episcopado Latino-Americano e do Caribe. *Documento de Aparecida*. São Paulo: Paulus, 2007.

CNBB (CNPF) da Comissão Episcopal Pastoral para a Vida e a Família – CNBB. Brasília, 2009.

CNBB. *Diretório nacional de catequese*. Documento 84. Brasília: CNBB, 2006.

CNBB. *Diretrizes gerais da ação evangelizadora da Igreja do Brasil:* 2008-2010. Brasília: Edições CNBB, 2007.

EIZIRIK, Mariana; BERGMANN, David. *Ausência paterna e sua repercussão no Catecismo da Igreja Católica*. São Paulo: Vozes/Loyola/Paulinas/Ave-Maria, 1993.

IGREJA CATÓLICA. Lineamenta. *Encontro com Jesus Cristo vivo, caminho para a conversão, a comunhão e a solidariedade na América*. Sínodo dos bispos. São Paulo: Paulinas, 1996.

INAPAF. CIP. "Setor Pós-Matrimônio". In: LUGNANI, João Bosco; EUNIDES, Aparecida (Texto). *Manual para o curso intensivo presencial*. Comissão Nacional da Pastoral Familiar (CNPF) da Comissão Episcopal Pastoral para a Vida e a Família – CNBB. (Ed.). CNPF/CNBB: Brasília, 2009.

INAPAF. CIP. "Setor Pré-Matrimônio". In: LUGNANI, João Bosco; EUNIDES, Aparecida. *Manual para o curso intensivo presencial*. Comissão Nacional da Pastoral. CNPF: Brasília, 2009.

INAPAF. F1M1. "Dignidade da pessoa, premissa da Igreja". Módulo do Curso a Distância. In: LUGNANI, João Bosco; EUNIDES, Aparecida (Texto). Comissão Nacional da Pastoral Familiar (CNPF) da Comissão Episcopal Pastoral para a Vida e a Família – Brasília: CNPF/CNBB, 2003.

INAPAF. F1M2. "Estabelecer proximidade, requisito para a comunhão". Módulo do Curso a Distância. In: LUGNANI, João Bosco; EUNIDES, Aparecida (Texto). Comissão Nacional da Pastoral

Familiar (CNPF) da Comissão Episcopal Pastoral para a Vida e a Família – Brasília: CNPF/CNBB, 2003.

INAPAF. F1M3. "União Conjugal e Sacramento do Matrimônio". Módulo do Curso a Distância. In: HEINZEN, Daniel; NARANJO, Diego e Cláudia; LUGNANI, João Bosco; EUNIDES, Aparecida (Texto). Comissão Nacional da Pastoral Familiar (CNPF) da Comissão Episcopal Pastoral para a Vida e a Família – Brasília: CNPF/CNBB, 2003.

INAPAF. F2M2. "Vocação e missão da pessoa". Módulo do Curso a Distância. In: LUGNANI, João Bosco; EUNIDES, Aparecida (Texto). Comissão Nacional da Pastoral Familiar (CNPF) da Comissão Episcopal Pastoral para a Vida e a Família – Brasília: CNPF/CNBB, 2004.

INAPAF. F2M6. "Filhos, dom e missão". Módulo do Curso a Distância. In: LUGNANI, João Bosco; EUNIDES, Aparecida. (Texto). Comissão Nacional da Pastoral Familiar (CNPF) da Comissão Episcopal Pastoral para a Vida e a Família – Brasília: CNPF/CNBB, 2004.

INAPAF. F3M1. "Diálogo, oração e família". Módulo do Curso a Distância. In: LUGNANI, João Bosco; EUNIDES, Aparecida (Texto). Comissão Nacional da Pastoral Familiar (CNPF) da Comissão Episcopal Pastoral para a Vida e a Família – Brasília: CNPF/CNBB, 2006.

INAPAF. F3M2. "Articulações prioritárias na Igreja". Módulo do Curso a Distância. In: LUGNANI, João Bosco; EUNIDES, Aparecida. Comissão Nacional da Pastoral Familiar (CNPF) da Comissão Episcopal Pastoral para a Vida e a Família – Brasília: CNPF/CNBB, 2009.

INAPAF. F3M7. "A Pastoral Familiar e a educação". Módulo do Curso a Distância. In: LUGNANI, João Bosco; EUNIDES, Aparecida (Texto). Comissão Nacional da Pastoral Familiar (CNPF) da Comissão Episcopal Pastoral para a Vida e a Família – Brasília: CNPF/CNBB, 2009.

JOÃO PAULO II. *Carta às famílias*. 2 fev. 1994).

JOÃO PAULO II. *Catechesi Tradendae*. Exortação Apostólica. São Paulo: Paulinas, 1982.

JOÃO PAULO II. *Familiaris Consortio*. Exortação apostólica sobre a função da família cristã no mundo de hoje. São Paulo: Paulinas, 1990.

JARDIM, F. et al. Desenvolvimento da criança e do adolescente: um relato de caso. *Revista de Psiquiatria do Rio Grande do Sul*, Porto Alegre, v. 29, n. 3, set/dez 2007.

LUGNANI, João Bosco; EUNIDES, Aparecida. *Matrimônio*. Centro de Pastoral Popular – CPP (Ed.). Província de Goiás: Missionários Redentoristas, 2005. (Coleção Sacramentos).

LUGNANI, João Bosco; EUNIDES, Aparecida. F3M7. "A Pastoral Familiar e a educação". Módulo do Instituto Nacional da Família e da Pastoral Familiar (Inapaf). Brasília: Comissão Nacional de Pastoral Familiar (CNPF) da CNBB. v. 26, n. 3, dez. 2004.

WOOD, Stephen. *Christian Fatherhood*. Greenview: Family Life Center Publications, 1997.